월든

Walden

헨리 데이비드 소로

다락원 WILEY
Publishers Since 1807

세계의 교양을 읽는다

고전을 왜 읽는가?

인간의 삶과 세상에 대한 영원한 물음이 있기 때문이다. 시대와 사상을 뛰어넘어 지금 여기 우리에게 필요한 물음이 없는 고전은 더이상 고전이 아니다. 인간과 삶에 대한 근원적인 물음 없이 고전을 읽는다면 자신과 인간에 대한 성찰과 지혜로 이어지지 않는다. 논술 시험 때문에, 과제물 때문에, 아니면 남들이 읽으니까, 나도 읽는다는 식이라면 그 책은 죽은 책일 수밖에 없다.

고전을 살아 있는 책으로 만드는 이 '물음!'에 답하기 위해서는 좋은 길잡이가 필요하다. 40년 이상 미국의 고교생과 대학 주니어들이 시험, 에세이 작성, 심층토론 준비를 위해 바이블처럼 애용해온 'CliffsNotes'와 'SPARKNOTES'는 바로 그런 좋은 길잡이의 표본이다. 이 두 시리즈가 원조 논술연구모임인 '일이관지(一以貫之)' 팀의 촌철살인적 해설을 곁들여 〈다락원 명작노트〉로 재탄생해 논술로 고민중인 대한민국 학생 여러분을 찾아간다.

CliffsNotes와 SPARKNOTES의 가장 큰 장점은 방대하고 난해한 고전을 Chapter별로 요약하고 분석해서 원전의 내용에 보다 쉽고 체계적으로 접근하는 신속·간편성이라고 할 수 있다. 여기에 '一以貫之'팀이 원전의 중요한 문제의식, 즉 근원적 '물음'은 무엇이며, 그 '물음'은 오늘날에도 여전히 유효한가, 라는 질문을 다시 던진다.

대입논술로 고민하고, 자칭 타칭의 고전이 넘쳐나는 오늘의 독서풍토에서 지적 정복이 긴박한 대한민국 학생들에게 감히 이 시리즈를 자신 있게 권한다.

一以貫之 논술연구모임 연구실장 이호곤

차례

CliffsNotes와 SPARKNOTES는 방대한 원작을 보다 쉽게 이해할 수 있도록 돕는 안내서입니다. 원작 이해를 돕기 위해 작가와 작품에 대한 배경지식, 그리고 매 장마다 간단한 '줄거리'와 '풀어보기'가 실려 있습니다. '줄거리'를 통해서는 원작의 내용을 명쾌하게 파악함으로써 독서의 즐거움을 느낄 수 있을 것입니다. '풀어보기'에는 원작에 담긴 문학적 경향, 등장인물의 심리상태, 시대상, 주제 등을 설명해 놓았습니다. 비판적 글읽기의 바탕이 되는 요소들이죠. 비판적 글읽기는 소설과 비소설 작품을 막론하고 책을 읽을 때 꼭 필요한 자질입니다.

그 밖에도 작품을 좀더 심오하게 분석할 수 있도록 '마무리 노트', 'Review' 등을 마련해 놓아 독자 여러분의 글읽기를 돕고 있습니다.

* 〈   〉는 장편소설, 중편소설, 논픽션, 시집. "   "는 수필집, 단편소설

○ 일이관지(一以貫之) 논술노트

권말에는 一以貫之 논술팀에서 작성한 논술 노트가 실려 있습니다. 원작을 우리의 삶과 연계시켜 비판적 사고와 논리적 글쓰기의 방향을 제시합니다.

○ 실전 연습문제

논술예제와 기출문제를 통해서는 원작을 바탕으로 출제 가능성이 높은 논점을 함께 숙고해 봅니다.

작가의 생애 ○

작가의 생애

헨리 데이비드 소로 Henry David Thoreau는 매사추세츠 주 보스턴 외곽의 콩코드에서 1817년 7월 12일 태어났다. 유년시절과 청소년기의 삶에 대해서는 거의 알려진 사실이 없지만, 당시의 전형이었던 것 같다. 콩코드 아카데미에 다닌 소로는 눈에 띄는 학생은 아니었다. 연필 제조업자였던 부친이 돈을 벌게 되면서 그는 열여섯 살 때 하버드에 입학했다. 그곳에서 책을 많이 읽어, 철학적으로나 문학적으로 초월주의 운동의 대변인이 될 만한 준비를 갖추었지만, 학생으로서의 이력은 평범했다.

소로는 1837년 하버드를 졸업했는데, 학창 시절에는 네 가지 직업 교육을 받았다. 법과 성직, 사업, 교육이 그것이다. 사실 그는 그동안 준비해 온 이 네 가지 직업에는 별 관심이 없었다. 잠깐 동안 교편을 잡았지만 매질로 학생들에게 기초부터 주입시켜야 한다는 것을 알고는 곧 그만두었다. 차라리 아버지와 연필을 만들면서 가끔 표본조사 작업을 하기로 결심했던 것이다. (표본조사 작업은 뒤에 소로의 중요한 생계수단 중 하나가 된다.) 말할 필요도 없이 마을사람들은 하버드 출신이 그토록 실망스럽게 된 데 놀랐다. 이것은 소로가 그에 대한 사회의 기대치에 저항하는 여러 가지 가운데 최초의 일이었다.

그러나 마을사람들이 건달로 보는 사이, 소로는 1830년대 말과 1840년대 초에 에머슨만큼이나 유명하고 영향력 있는 초월주의 작가이자 강연자가 되기 위한 전략을 면밀히 짜고 있었다. 1838년에는 형 존과 사설학교를 다시 운영하면서 오늘날 진보학교라고 여길 만한 교육을 시행했다. 그러나 이 것은 곁가지 관심사일 뿐이었고, 그는 이미 본업을 결정하고 있었다. 1837년 소로는 일기를 쓰기 시작했는데, 사실상 그것은 집필에 일생을 바치고 그 속에서 자신의 예술을 완성할 저술이었다. 그는 냉소적인 마을사람들은 몰랐던 이 일을 1862년에 세상을 떠날 때까지 매일매일 경건하게 해나갔다. 그가 이 작업에 몰두하면서 가졌던 강렬한 진지함을 알려면 1838년 일기를 숙독하면 도움이 될 것이다. 거기에서는 아직은 자신의 최고 기준에 부합하지 못한 작품과 씨름하는 장인(匠人)의 염원을 발견하게 된다.

그러나 이 모든 끄적꺼림은 결국 무엇이란 말인가? 순간의 열기로 휘갈겨진 것이. 다소 만족감을 가지고 찬찬히 생각해 볼 수 있지만 슬프도다! 내일 ─ 7래, 오늘 밤 ─ 에라도 케케묵고, 시시하고, 이로운 것이 없는 ─ 결국은 아닌 것이다. 그 껍데기만이 줄곧 발길에 채이면서도 여전히 그 길목에서 당신을 응시하고 있는 약간 붉게 데쳐진 가재 껍질처럼 남아 있다.

간단히 말해서 소로는 펜을 들면 너무나 진지했다. 진

지한 나머지, 늘 그렇듯 일기에 위의 불평을 써넣기 전에 몇 번이고 퇴고를 했을 것이다.

소로가 형과 학교를 운영하는 동안 함께 떠난 보트 여행(1839)은 소로의 처녀작 〈콩코드 강과 메리맥 강에서 보낸 일주일 *A Week on the Concord and Merrimack Rivers*〉(1849)의 소재가 되었다. 실제 강 여행과 그 여행에 대한 매우 관념론적인 찬양를 피력한 이 책의 출판 사이에는 10년의 간격이 있었다. 그동안 소로는 책을 읽고, 집필을 했으며, 닥치는 대로 일을 했다. 돈이 필요하면 표본조사 일을 했고, 아버지와 연필을 만들었으며, 틈틈이 잡일을 했기 때문에 일기 쓸 시간은 많았다. 1841년, 소로는 에머슨 가족의 잡부로 일하기 위해 그 집으로 이사했다. 그는 에머슨의 도서관을 많이 이용했으며, 매일 대화를 나누고 에머슨이 편집하는 초월주의 잡지 다이얼에 시와 수필을 기고하기 시작하면서 둘의 관계는 돈독해졌다. (그 시와 수필의 대부분은 나중에 〈콩코드 강과 메리맥 강에서 보낸 일주일〉에 실었다.) 소로를 몹시 좋아하게 된 에머슨은 1843년 4월호의 전체 편집을 소로에게 맡겼다.

이 젊은 친구에게 기대하는 바가 컸던 에머슨은 1843년에는 소로가 뉴욕의 출판사들과 접촉할 수 있도록 형 윌리엄 에머슨과 함께 스테이튼 섬에서 머물도록 주선했다. 그러나 애석하게도 출판되지 못했고, 소로는 콩코드로 돌아가 일기 쓰기에 돌입했다. 1845년 3월에는 그의 삶에서 가장 중요한 사건이 된 일, 즉 친구에게 도끼를 빌려 월든 호수 북쪽에 있던 에머슨의 땅에 오두막 짓기를 시작했다.

1845년 7월 4일 이 오두막으로 이사한 소로는 〈월든〉에서 기술한 것처럼 살아가는 데 필요한 것을 최소한으로 줄여 자연과 친밀하고 영적인 관계를 구축하려고 노력했다.

월든 호숫가 생활은 소로에게 세 가지 측면에서 귀중한 실험이었다. 첫째, 소로는 정신을 쇠약하게 만드는 산업혁명의 영향 — 공장에서 아무 생각 없이 단조롭고 지루한 작업을 반복하는 분업과 삶에 대한 물질주의적 시각 — 에 저항할 생각이었다. 월든에서의 실험은 뉴잉글랜드*에서 급속히 사라지고 있는 단순한 농경 생활방식으로 그의 '시계를 돌려놓았다'. 둘째, 지출을 줄여 먹고 사는 데 들어가는 시간을 아낌으로써 그만큼 더 자신의 예술을 완성하는 일에 몰두할 수 있었다. 〈콩코드 강과 메리맥 강에서 보낸 일주일〉의 대부분은 그곳에서 집필했다. 셋째, 소로와 에머슨은 사람이 자연을 통해 이상(理想), 즉 신성(神性)을 가장 쉽게 경험할 수 있다고 주장해 왔는데, 소로는 월든 호수에서 날마다 자연과 밀접하게 생활함으로써 이 이론의 타당성을 지속적으로 시험할 수 있었다.

1847년, 월든 호숫가를 떠난 소로는 그 해 가을 에머슨

이 영국으로 가자 그의 집안일을 돌보기 위해 다시 한 번 그의 가족과 합류했고, 1848년 에머슨의 귀국과 함께 부모의 집으로 돌아와 세상을 떠날 때까지 그곳에서 살았다.

1847년부터 1854년 사이, 소로는 시골 구석구석을 다니고, 연필을 만들고, 표본조사를 하고, 새로운 관심사인 〈월든〉 집필에 전념하면서 시간을 보냈다. 그 7년 동안 〈월든〉은 수도 없는 세심한 수정 작업을 거쳤으나, 긴 진통 끝에 세상에 나온 이 작품은 그리 호평을 받지 못했다. 〈콩코드 강과 메리맥 강에서 보낸 일주일〉(275권이 팔리고 75권은 증정)처럼 실패작은 아니었고 좋은 평가도 어느 정도 있었지만, 초월주의 운동의 대변자가 되려는 소로의 꿈은 충족시키지 못했다. 소로는 〈월든〉이 제대로 평가받지 못한 것에 불평하지는 않았으나 상당히 좌절했던 것은 분명하다. 오늘날에는 〈월든〉이 소로의 이력에 높은 점수를 기여하지만, 동시대 사람들은 사실상 무시했다.

소로는 말년에 노예제 폐지 운동과 자연에 대한 과학적 연구에 많은 관심을 기울였다. 1844년에는 노예 폐지론자 웬델 필립스를 찬양한 수필 "자유의 전령 Herald of Freedom"을 썼고, 1849년에는 역시 예속을 주제로 한 "시민 불복종 Civil Disobedience"을 출판했다. 위의 두 작품에서는 노예제에 관해 그다지 목청을 높이지 않았던 그였지만 1854년에 "매사추세츠의 노예제도 Slavery in Massachusettes"란 제목의 연설을 하면서 분노가 커지기 시작했다. 그 후 노예제 폐지 운동에 더욱 깊이 개입하게 되었고, 1859년에는 격렬한 "존 브라운 선장을 위한 탄원 Plea for Captain John Brown"을 연설했다. 여기서 그는 노예제도에 대한 폭력적 저항의 도덕성을 찬양하고, 노예제도를 인정하는 연방 정부를 준엄하게 꾸짖었다. 그리고 곧 "존 브라운 최후의 날들 The Last Days of John Brown"이라는 연설이 이어졌다. 1844년만 해도 그는 노예제도에 대해 비폭력적이고 수동적인 저항을 옹호했다. 그러나 노예제도 폐지가 점점 더 그의 주요 관심사가 되면서 그 비도덕적인 체제를 파괴하는 정당한 수단으로 무장 폭동, 심지어는 내란까지 지지하게 되었다.

소로는 노예제 폐지 연설과 수필에서 분노를 몹시 거칠게 드러냈는데, 그것은 그의 성품이 지닌 한 단면이었다. 그리고 그가 자연을 대하면서 보여주었던 또 다른 면 역시 만년까지 강하게 남아 있었다. 1851년에서 1855년 사이, 한동안 결핵을 앓고 난 소로는 쇠약해진 건강을 되찾기 위해 자연으로 돌아왔으나 그의 젊은 시절을 특징짓는 초월주의에 대한 열정은 식어 있었다. 이 쇠락의 시기에 쓴 일기에는 자연에 대해 더욱 '과학적'이면서 덜 초월적인 접근 방식이 수반된 자연의 역사에 관심이 커지고 있었음이 드러나 있다. 일기 뒷부분은 〈월든〉과 유사한 자연에 대한 여러 가지 상상력 풍부한 묘사가 있지만 1860년에 쓴 다음과 같은 내용들이 점점 더 많이 나타난다.

　20일과 다음날 밤에도 비가 몹시 내렸다. 전부 2와 1/8인치의 비가 내려 가뭄은 없다. 21일 오전 7시에는 강이 여름보다 2, 3인치 높던 수위에서 7. 5인치로 불었다.

　이러한 내용들 때문에 몇몇 학자들은 소로가 1850년대 말과 1860년대 초에 초월주의자로서 점차 '부패'했다고 생각하게 되었다.

　1862년 5월 6일, 놀라운 정신력의 소유자 소로는 특유의 재미난 말을 남기고 세상을 떠났다. 한 친구가 그에게 하나님과는 화해를 했는지 묻자, "난 여태껏 우리가 싸운 적이 있었는지도 몰랐다"고 슬쩍 비켜간 것.

　미국에서는 당시 소로의 죽음을 알았던 사람이 거의 없었으며, 몇 안 되는 애도자들 역시 그가 1세기 후에 미국의 가장 위대한 문학가 중 한 사람으로 인정받게 되리라고는 꿈에도 몰랐을 것이다. "헨리 소로라는 이름은 개인적 친분이 있는 극소수 사람만이 알고 있다"는 조지 W. 커티스의 부고가 그 사실을 잘 보여주고 있다. 1830년대 말 문학에 몸을 던진 소로는 30년간 무서운 노력을 쏟았지만 동시대의 성공기준으로 본다면 실패자였다. 에머슨은 소로의 장례식 송덕문에서 "이 나라는 아직은 모르거나 아주 조금밖에 아는 것이 없다. 얼마나 위대한 아들을 잃었는지"라고 공언했는데, 20세기가 많이 흐르고 나서야 본래 모습인 천재로서 인정받게 되었다.

　　19세기 후반에 소로가 거의 인정을 받지 못한 것은 문학적 양식(樣式)의 문제에 관해 영향력이 막강했던 에머슨과 제임스 러셀 로웰의 유감스런 소견들로 인해 강하게 왜곡되었기 때문이다. 소로가 사망한 직후에 두 사람이 출간한 수필은 사실상 꽤 오랜 기간 소로에 대한 대중의 인식을 결정지었다. 추측컨대 에머슨은 소로를 칭송한다면서 소로의 성격에서 볼 수 있었던(또는 상상했던) 부정적인 특징을 모두 강조했다. 에머슨이 묘사한 소로의 모습은 거의 초인적인 금욕주의자("그는 맞서 싸울 유혹 ― 식욕, 열정, 우아한 소품에 대한 취미 ― 이 없었다.")이고, 약간은 거친 반사회적 은둔자("그렇게 많은 것을 포기하는 삶은 별로 없었다… '안 돼'라는 말은 그에게 아무런 부담이 되지 않았다. 정말로 그는 그것이 '그래'라는 말보다 훨씬 더 쉬웠다.")였다. 또한 에머슨은 자연주의자 소로의 능력을 강하게 부각시킴으로써 (최악의 어조로) 자연찬미자-소로라는 이미지가 구축되면서 예술가로서의 일자적인 위치는 오랫동안 빛을 잃었다. 3년 후인 1865년에 나온 제임스 러셀 로웰의 수필은 차갑고 완고한 반사회적 은둔자라는 에머슨의 개략적인 묘사를 강화시켰다. 로웰은 "소로는 자신의 성격적 결함과 약점을 미덕과 특별한 힘으로 아무런 의심 없이 받아들였고 또 받아들일 것을 고집했을 정도로 너무나 대단한 자부심을 가진 사람인 것 같다… 소로의 마음은 차가운 겨울 같은 인상을 준다.” 이것은 저주나 다름없는 독설이지만 소로의 평판을 더욱 손상시킨 것은 소로가 자신의 지도자 에머슨을 모방한 아류에 불과하다는 주장이었다. 로웰은 〈비평가를 위한 우화집 *Fable for Critics*〉에서 소로를 '고통스러울 정도로 짧은 다리를 가지고 에머슨의 발자국'을 걸어간 사람이라고 묘사했고, 이와 유사한 비아냥거림으로 소로에 대한 수필을 전개했다.

에머슨의 꽃가루에 의해 결실을 얻은 암술이 있는 식물 가운데 소로는 단연 가장 두드러진다. 그의 유작은 에머슨이 제공해야 딱 어울리는 것이다. 왜냐하면 그것은 에머슨의 정원에서 나온 딸기들이기 때문이다.

로웰의 의견이 문학계에 몰고 온 영향력이 얼머나 컸는지는 1916년까지도 마크 반 도렌이 저서 〈헨리 데이비드 소로〉에서 이와 유사한 오해를 되풀이했다는 사실을 보면 알 수 있다. 반 도렌은 “소로는 특이한 에머슨이며, 철학적으로 소로의 견해는 에머슨과 거의 같다”고 썼다.

에머슨과 소로의 작품에 친숙한 사람들에게는 '에머슨 같은 소로'란 견해는 엄청난 오해다. 그들은 철학적 · 심미학적으로 종종 어긋났기 때문에 에머슨의 〈자연론 *Nature*〉과 소로의 〈월든〉을 읽어보기만 해도 그들의 성격과 가장 중요한 예술에서의 차이를 알아볼 수 있다. 그러나 맥없는 '자연찬미자'이자 까다로운 은둔자라는 대중의 인식이 그랬듯이, '에머슨 같은'이란 꼬리표도 반세기 동안 소로의 독자적인 위대성이 인정받지 못하도록 하는 걸림돌이 되었다. 예를 들면, 올리버 웬델 홈스는 '문명의 파괴자 소로는… 자기 아스파라거스를 엉뚱한 곳에서 야금야금 뜯어먹겠다고 주장'한 사람이라며 웃음거리로 취급했다. 그리고 로버트 루이스 스티븐슨은 소로에 대해 '건조하고, 까다롭고, 이기적'이라는 로웰의 말을 되풀이하면서, 확실히 소로가 '물고기와 무척 가까운 관계였다는 것은 틀린 말이 아니었다'고 덧붙였다.

진지한 학자들이 소로에 대한 평판의 논거를 면밀히 검토하기 시작했던 1890년대에 근거가 없는 농담들의 끝이 보이기 시작했다. 에머슨과 로웰이 묘사한 소로의 모습은 재검토되었고, 대부분의 비평가들은 1890년에 찰스 C. 애벗이 썼듯이 "에머슨도 로웰도 그들이 맡았던 일에 적합하지 않았다"고 결론지었다. 에머슨의 글들은 소로의 목표와 업적에 내해 기본적인 오해를 드러냈다. 미숙한 비평가 로웰은 분명히 소로가 살았던 가시 돋친 세상과 접촉해 보지 않았다. 1890년대부터 20세기 중반 사이에 소로에 대한 해묵은 오해는 사그러들었고, 비평가들이 소로에게 유리한 위치 ― 즉, 그의 작품들 ― 에서 검토를 시작하면서 그의 평판은 급속히 나아졌다.

오늘날 예술가로서의 소로에 대한 평가는 에머슨보다 대단하다. 사실상 미국 문학의 전문가를 제외하고는 로웰의 시라든가 문학 비평을 읽는 사람이 없다는 사실은 묘한 느낌을 준다. 웬델 글릭이 지적하듯이, "로웰의 명성을 넣은 관에 박힌 가장 두드러진 못 가운데 하나는 소로의 천재성에 대한 비방이었다." 문학 비평가들이 만장일치로 만족스러워하는 '천재'라는 단어는 한때 제대로 진가를 인정받지 못했던 매사추세츠 소읍의 예술가를 묘사하는 유일한 말이 되었다.

작품 노트

작품의 개요

　　몇몇 〈월든〉 판(版)에는 첫 장보다 먼저 제명(題銘) 페이지가 나오는데, 여기서 〈월든〉의 화자가 선언한다.

　　나는 낙담에 대한 송시를 쓰려고 하는 것이 아니라 내 이웃을 깨울 수만 있다면 홰 위에 올라선 아침의 촌티클리어*처럼 호쾌하게 떠들어델 작정이다.

　　〈월든〉을 이해하고 감상하려는 독자는 이 제명에서 책의 싹을 발견할 수도 있다는 것을 즉시 알아차려야 한다. 그 어조는 하나의 대단한 자부심과 기쁨을 나타내는 것으로, 이어지는 내용은 월든 호수에서의 삶이 풍요롭고 충만할 것이라는 화자의 낙관적 선언이다. 그는 새벽을 맞는 수탉처럼 그의 삶에서 '새로운 날'을 발견하게 만들어준 생활방식을 성공적으로 창조해냈다는 사실을 목청껏 호쾌하게 떠들어델 것이다. 그가 사색을 하고 숲 은신처에서 활동하며 발견한 것은 새로운 세계와 새로운 자아다. 소로는 마치 신선하고 새로우며 더욱 만족스러운 삶으로 다시 태어난 것처럼 느끼고, 새롭고 황홀한 정신적 삶을 위해 '완전히 메마른 사회생활'로 인해 생기

---

* **촌티클리어**(Chauntecleer)：제프리 초서의 〈캔터베리 이야기〉에 등장하는 허영심 많은 수탉.

가 없어진 정신적으로 잠든 생명체인 낡은 자아를 뒤에 남겨 두는 기분을 축하한다.

초월주의(본책의 '마무리 노트' 참조)를 보면, 독자들은 〈월든〉이 그처럼 쾌활하고 기백 있는 기록으로 시작할 것이라고 당연히 기대할지 모른다. 이것은 사람이 '폐허 속의 신'인 상태에서 벗어나 어떻게 신과 같은 성취의 상태로 나아가는지를 예술적으로 묘사하기 시작하는 적당한 방법이다. 미 문학 사상 가장 세련되고 예술적인 '떠벌림' 가운데 하나인 이 작품은 이렇게 시작되는데, 그 책을 연구하는 사람이 과격하고 병적인 자기중심적 작품이라고 규정짓기 전에 이 '떠벌림'의 본질에 대해서는 추가적인 제명이 주어져야 한다.

에머슨은 "미국의 학자 The American Scholar"에서 초월주의자의 삶의 세 가지 기본적인 단계를 묘사했다. 첫째, 과거의 지혜에서 장점이 되는 것을 모두 배운다. 둘째, 자연을 통해 도덕적 진리를 발견하고 신성과 의사소통할 수 있도록 자연과 조화로운 관계를 구축한다. 초월주의자는 이 두 가지 단계와 함께 자신의 더 높은 능력을 발진시켜왔고, 사신의 삶을 일구고 '정신적으로 만들었다.' (우리는 〈월든〉의 화자가 정신적인 재탄생의 과정에서 이 두 단계를 거쳤음을 알고 있다.) 이렇게 정신을 일군 초월주의자는 스스로 만족하는 이기적인 상태로 머물러 있지 않는다. 자기재생 후에 세 번째 시도해야 할 단계는 바로 사회 전체의 재생이다. 책과 자연에서 자양분을 얻은 후에는 아직 완전한 정신 상태에 도달하지 못한 타인들과 정신적인 소득을 나누어야 하는 것이다.

〈월든〉은 소로가 초월적 삶의 세 번째 단계를 시도하는 것으로 볼 수 있다. 거기서 우리는 모든 인간들이 소로가 느낀 유쾌함을 달성할 수도 있다는 확고한 신념을 반복하면서 ‘떠벌리는’ 화자의 말을 듣는다. 그는 자신의 삶을 생생하게 보여주고, 자신이 달성한 것을 ‘떠벌리며’ 예로 들면서 ‘아주 메마른 사회적 삶’을 새롭게 하려고 노력한다. 따라서 그 ‘떠벌림’은 화자 자신뿐 아니라 위대해질 수 있는 모든 인류의 잠재력을 위한 행동이다. 다른 초월주의자들처럼 소로는 강력한 도덕가였다. 〈월든〉의 가장 뚜렷한 특징 가운데 하나는 화자가 시종일관 독자들에게 정신의 성장 가능성을 환기시키려 한다는 것이다. 그래서 때로는 의기양양하게 점잔을 빼고 과시하면서 큰소리로 자랑하는 것이고, 어느 정도는 오만에 가까운 자부심을 가지고 ‘훨훨 타는 열정’을 자랑하는지도 모르지만, 그 자부심은 독자들과 공유되어야 할 것이라는 점을 잊어서는 안 된다. 화자가 간혹 너무 독선적으로 보인다면 그것은 그 자신의 위대함이 아니라 개개인이 위대하다는 것을 이웃에게 일깨워주기 위한 행동임을 상기해야 한다.

화자가 삶을 축복하고 모든 사람들에게 삶의 잠재적 위대함을 깨닫도록 요구하는 것은 〈월든〉의 핵심 사상, 즉 통일된 주제를 형성한다. 이 점에 대해서는 아무리 강조해도 지나치지 않다. 왜냐하면 한 세기 이상 많은 개개인 — 때로는 아주 지적인 사람들 — 이 이 핵심적인 사실을 무시하는 경향이 있었고, 〈월든〉을 다른 식으로 보려고 했기 때문이다. 〈월든〉의 다른 면들을 참작하되 그로 인해 이 작품의 필수적 핵심, 바로 화자가 정신적 성취를 향해 나아가는 과정이 흐려져서는 안 된다.

독자가 맨 먼저 이 핵심을 마음속에 담아둘 수 있는 방법은 본래의 〈월든〉을 있는 그대로, 즉 핵심 사상을 뒷받침하고 바꿔 말하기 위해 고안된 시적 구조를 지닌 빈틈없는 예술 작품으로서 접근하는 것이다. 이 부분은 독자가 두 가지 사실을 미리 염두에 둔다면 쉽게 해결될 수도 있다. 첫째, 소로가 예술가였다는 점이다. 게다가 그는 자연신봉자, 자연주의자, 경제학자, 무정부주의자, 노예제도 폐지론자, 또는 철학가이기도 했다. 이것은 1930년대부터 학자들이 입증한 소로에 대한 중요한 사실이고, 미 문학에서 소로가 유명인으로 부상한 핵심 요인이었다. 〈월든〉은 위대한 책을 만들어내려고 한 인간의 작품이다. 두 번째 사실은 위대한 시의 특징을 보여줄 정도로 〈월든〉은 소로가 시도한 창작에서 가장 성공적이었다는 점이다. 누군가 소로가 〈월든〉의 초고를 최종판으로 변형시켜가는 과정을 추적한다면(J. 린든 선리의 〈월든의 발전과정 *The Making of Walden*〉을 참고하면 그 과정을 알 수 있다.) 호숫가 생활에 대한 거친 보고서에서 상당히 압축되고 복잡하고 상징적인 문학작품으로 바뀐 것을 알 수 있다.

물론, 작품의 시적 구조에 너무 주목하지 않아도 〈월든〉의 중심 주제를 파악할 수 있다. 한 예로 어느 비평가의 견해—〈월든〉은 "1845년 7월 4일부터 1847년 9월 6일까지 매사추세츠 주 콩코드 근처의 월든 호수에서 소로가 경험한 것을 자세히 이야기한 18편의 수필 모음집이다"—를 취한다 해도 〈월든〉의 주제에 도달할 수 있다. 그러나 작품을 단지 수필집으로 본다면 소로가 작품 전반에 제시한 풍요로운 질감을 놓치는 것이다. 〈월든〉을 거의 동일한 주제를 지닌 다른 작품들보다 훨씬 우수한 작품으로 만들어주는 요소는 유기적·시적 통일성과 풍부한 상징적 구조다. 〈월든〉이란 허구가 어째서 궁극적으로는 자전적인지 발견하려면 상징적 구조를 알아야만 한다. 〈월든〉이 소로가 가장 깊이 느낀 결점과 욕구—소로의 화자가 살고 있는 허구 속에서 성취되는 심리적 욕구—의 예술적 투사(投射)라는 사실을 알게 되는 것은 상징주의를 통해서다.

여기서 '허구'라는 말은 화자가 월든 호수에서 그에게 일어났던 일을 기록했다는 것을 묘사하기 위해 사용된다. 화자의 목소리인 '나'와 화자가 묘사하는 세계는 모두 현실의 소로와 〈월든〉을 쓰는 동안 그가 거주했던 세계와는 구별되어야 한다. 〈월든〉은 허구이자 상상적인 창조물이고, 엄격한 의미의 '자서전'은 아니다. 아침에 촌티클리어처럼 큰소리로 떠벌리는 '나'의 목소리는 소로가 되고 싶은, 그리고 언젠가 되기를 희망하는 1854년의 자기 모습이거나 나이가 든 소로가 좀 더 젊은 시절 느꼈던 법열을 묘사한 것이다. 〈월든〉을 쓰면서 소로는 이전의 행복을 주장하고, 어쩌면 되찾기를 추구하고 있는 것일지도 모른다.

월든 호수에서의 실제 경험과 〈월든〉의 출간 사이에 7년의 기간이 있다는 것을 잊어서는 안 된다. 많은 비평가들이 주장하듯 그 7년의 세월 동안 소로는 강렬한 영감과 젊은 시절을 특징지었던 자연 속에서의 법열을 상실했다. 1854년, 소로는 고도의 주관적 관념론이 약해지기 전의 시절에 맛보았던 정신적 성취를 뒤돌아보고, 다시 얻기를 기대하고 있다.

간단히 말해 〈월든〉은 일종의 '소원을 비는 책'이다. 〈월든〉은 '나'의 목소리를 통해 이상적인 분신, 소원을 성취하는 인물, 소로가 되찾기를 바라는 '자신'에 대한 것을 말할 수 있는 인물을 만들어내고 있다. 젊은 시절에 소로는 자연을 대할 때마다 굉장한 영감과 일체감을 느꼈다. 그는 자연이란 매개를 통해 신성을 경험할 수도 있다는 에머슨적인 관념론의 교의를 경험적으로 입증했고 믿었다. 사실 소로는 감각적·정신적으로 경험한 자연에 너무 흥분하고 들떠서 자연이 정말로 신이란 생각을 진지하게 간직했고, 자연이 정신의 상징이라고 선언했던 에머슨을 지나쳐서 자연은 단순한 상징 이상이라고 주장했다.

이 같은 진술 때문에 조지 리플리 목사는 소로의 '범신론(汎神論)'을 공공연히 비난했다. 자연을 신성한 것으로 찬양했을 만큼 자연은 소로를 충족시켜주었으며, 신성을 경험하고 있다고 느낄 만큼 소로와 자연 사이의 육체적·정신적 조화는 지대했다. 1854년에 소로가 되돌아가고자 했던 상태가 바로 이런 것이었다. 그러므로 "봄" 장에서 자연과의 조화를 위한 화자의 탐구가 절정에 달했을 때, 독자는 '나'의 목소리가 자연이 표현하는 신성을 체험하고 있다는 것을 발견한다. '나'의 목소리가 이 장에서 떠벌리는 희열은 소로가 갈망하는 법열이다. 그리고 〈월든〉에서 화자가 달성하는 정신적인 재탄생은 소로가 1854년에 계획했던 삶의 목표다.

Chapter 별
정리
노트

Chapter 1
숲 생활의 경제학

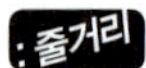

화자가 〈월든〉은 월든 호수에서 2년간 머물면서 갖게 된 의문에 대한 답으로 쓰여졌다는 사실을 독자에게 알려준다. 그의 바람은 자신이 누린 정신적으로 풍요로운 삶을 설명하는 동시에 자기 삶의 실례를 제시함으로써 독자 자신의 결점과 가능성에 대해 가르쳐주는 것이다. 호수에서 사는 동안 외부로부터 사회를 바라볼 기회를 가졌던 그는 자신의 행복한 상황과는 대조적으로 대부분의 사람들이 '조용한 자포자기의 삶을 살아가고 있다'는 것을 알게 된다. 단순하게 자연과 가까이 살면서 삶을 끊임없이 완성시켜나가던 그는, 다른 사람들이 미친 듯이 분주하게 이곳저곳을 헤매고, 어리석게도 가장 깊은 욕구를 결코 충족시켜줄 수 없는 부와 사회적 지위를 좇으면서 삶을 낭비하는 모습을 볼 수 있었다. 따라서 그는 유감스럽게도 현대인들이 물질적 이득에 집착한 나머지 "참다운 고결함을 추구할 틈이 없고… 단순한 기계 외에는 아무것도 될 시간이 없다"는 결론을 내린다. 특히, 정신적으로 고양된 자연의 영향을 가까이하게 해주는 농사조차 그 고귀한 특성을 잃고 단순히 부와 재산을 축적하는 무기력하고 비인간적인 수단이 되고 말았다는 사실이 슬프다.

월든에 머무는 동안 화자는 어느 누구도 지루하고 고된 삶에 몸을 맡길 필요가 없고, '부질없는 걱정과 불필요하게 거친 일상 노동에 너무 몰두한 나머지 더 나은 열매를 따지 못해서는 안 된다'는 것을 배웠고, 모든 사람들이 자신감을 갖고 더 나은 삶을 기대해도 된다는 것을 알았다. 그들은 완전함을 향한 첫 걸음만 떼면 되는데, 그것은 바로 자기비판이다. 화자가 그토록 치열하게 해왔던 것처럼 삶에 대해 기꺼이 비판적인 견해를 갖고 자신들을 바로잡기 시작한다면 누구에게나 희망이 있다.

화자는, 일단 누구나 자신의 삶을 비판적으로 검토해 보면 곧바로 개인의 성장과 행복을 방해하는 중요한 요소, 즉 이전 세대가 물려준 전통적이고 진부한 생활방식의 맹목적인 수용 자세를 발견하게 될 것이라고 믿는다. 너무나 많은 사람들이 부모와 조부모가 삶의 의미라고 믿었던 것을 아무런 의심 없이 받아들이는데, 이것이 바로 현재 인간이 겪고 있는 곤경의 근원이다. 화자는 많은 사람들 사이에 유행하는 삶에 대한 물질적 시각을 비웃고, 자신과 같은 삶을 시작해 독특하고 개인적인 실험으로 삶에 다가가라고 충고한다. 어느 누구도 자기 자신이나 삶에 대한 사회의 규정에 구속되어서는 안 된다. 새롭고 신선한 방식으로 삶과 대면해야 한다. 무가치하고 때로는 비인간적인 사회의 가치들을 버림으로써 각 개인은 자신을 위한 삶의 의미를 발견할 수 있다. 이것이 화자가 월든에서 살면서 얻은 깨달음이고, 그것을 통해 개인으로서 지속적인 정신의 성장이 가능했던 것이다.

그는 가장 비인간적인 전통적 가치는 재산을 강조하는 것이라며, 재산에 압도당하고 노예화된 사람들에게 자신이 삶을 비평적으로 평가함으로써 배운 교훈을 준다. 삶의 진정한 관심사에 대해 모험을 계획하는 자유는 가진 재산을 '삶에서 절대적으로 필요한' 것들로 줄인 이후에 온다. 다른 사람들이 대부분의 시간과 정력을 사치품을 쌓고 잉여 재산을 유지하는 데 쓰는 동안, 화자는 월든으로 가서 필요한 것을 최소한으로 줄이고, 그리하여 성취감을 얻는 생활 방식을 창조하는 일에 진지하게 다가갈 시간과 마음의 평화를 얻었다. 그는 의류와 거처, 음식, 연료가 생존을 위한 기초 필수품이라는 것을 알았다. 그리고 파리에서 온 최신 의류와 엄청난 재산, 사치스러운 음식, 비싼 연료를 얻기 위해 삶을 노예로 만들지 않았다. 그는 비싸지는 않지만 견고한 옷을 입었고, 도끼를 빌려서 소박하고 편안한 오두막을 28달러 12.5센트로 지었으며, 가구는 최소한으로 보유했다. 침대, 탁자, 의자 세 개, 요리 기구, 등잔 램프, 책상. 처음에는 책상 위에 석회암을 하나 갖고 있었지만 먼지를 털어 내느라 너무 많은 시간을 허비해야 한다는 것을 알고 내다버렸다. 그는 작은 텃밭에 콩과 토마토, 옥수수, 완두콩을 일구어서 먹고 남는 농산물을 팔아 8달러 71.5센트의 수익을 얻었다. 연료는 숲에서 공짜로 모았다. 얼마 안 되는 나머지 필요한 돈은 여러 가지 날품팔이로 벌었고, 몇 주간 번 돈으로 1년을 버틸 수 있다는 것을 알게 되었다. 이처럼 자기를 본받아 삶을 단순하게 살라고 충고하면서, 경제적으로 치열하고 무의미한 경쟁에서 벗어나면 공부하고 명상하고, 자연을 즐기며, 영적으로 풍요로운 삶을 창조할 수 있는 여유와 평정을 얻게 될 것이라고 말한다. 그렇게 되면 삶이 축복의 근거가 될 수 있고, 진저리나는 불평의 이유가 될 필요가 없다는 사실을 알게 될 것이다.

화자는 전통과 물질주의의 속박을 벗어버렸다면 세상에 나아가 바꾸려 하지 말라는 충고로 1장을 맺는다. 모든 진정한 개혁의 시작은 각 개인의 완전함이다. 일단 개인이 자신의 결점을 비판적으로 관찰했다면 삶을 혁신하는 첫걸음은 화자가 사회를 떠날 때 했던 것처럼 내면을 향해 그가 혼자서 존재할 수 있다는 것을 발견해야 한다. 자아 내에서 정신적 완전함을 실현시킬 수 있는 거의 무한한 잠재력을 발견하고, 화자처럼 정신적 완전함에 대한 잠재력을 깨닫기 위해 삶을 계획하고 '삶이 다루는 모든 것을 저주하는' 생업의 세상을 피한다면 법열의 상태가 지속적으로 증가될 것이다.

    〈월든〉은 화자가 왜 청중에게 1인칭의 목소리로 연설하기로 했는지 설명하는 것으로 시작된다. "대부분의 책에서는 '나', 즉 1인칭은 생략되지만 이 책에서는 생략되지 않을 것이다. 자기 본위라는 면에서 이 책은 다른 책과는 아주 다르다. 우리는 보통 말하는 사람이 결국은 언제나 1인칭이라는 것을 흔히 잊어버린다. 만약 나 자신에 대해 내가 아는 만큼 잘 아는 다른 사람이 있다면 그렇게 말을 많이 하지는 않았을 것이다." 이것은 책에 대한 소로의 전략적 측면에서 이해할 만하다. 소로는 〈월든〉이 사회에 강한 충격을 주기를 바란다. 소로의 화자는 삶에서의 풍요로운 변화와 자신의 삶이 평균적인 미국인과 비교해서 얼마나 우월한지 설명하게 될 것이다. 소로는 독자들을 납득시켜 삶을 향상시키기를 바라며, 어떻게 자신이 그토록 놀라운 삶을 성취했는지 설명할 것이다. 이 일로 인해 소로는 극도의 이기주의나 젠체한다는 비난을 받게 될지도 모른다. 독자가 화자를 허풍쟁이로 볼 수도 있기 때문에, 소로는 화자로 하여금 그의 삶이 곧 주제라는 것을 즉각 인정하게 함으로써 그 가능성에 대비한다. 나중에 화자는 "불행하게도 나는 경험이 옹색해서 이런 주제에 한한다"고 독자에게 공손히 말한다. 이렇게 소로는 그의 독특한 역사를 거의 마지못해 말하는 화자를 만들어냄으로써 독자로부터 공감과 어느 정도의 감정이입을 얻으려고 한다.

그러나 화자 자신과 그의 이야기에 대한 초기 해설에는 더 복잡한 의미가 있다. 화자는 '나'라는 목소리의 사용을 강조하면서, 〈월든〉의 일차적인 주제가 무엇인가에 대해 독자의 관심을 집중시킨다. 그것은 주관적인 실체, 내적인 존재, 월든 호수에서의 정신적 소생과 성장을 경험하게 될 자아다. 자연 경관, 사회 비평, 경제 및 정치 이론도 〈월든〉에서 두드러진 위치를 차지하지만, 모두가 책의 핵심—'나'의 목소리가 마음 속에 그리는 이상적 존재를 깨닫기 위한 탐구—에 공헌하고 있다. 화자는 객관적이고 외적인 세계를 통과해 가지만 책이 진정으로 초점을 맞추는 것은 내적이고 주관적인 성취와 법열 이다.

정신적 완성을 향한 이런 움직임, 〈월든〉의 주요한 움직임은 은유를 통해 표현된다. 화자는 1845년에 오두막을 짓기 시작할 때 은유적으로 독자에게 그가 새로운 자아와 새로운 삶을 '짓기' 시작하고 있다는 것을 알려주고 그 진행 과정에서 소생과 다시 새로워지는 조짐이 갑자기 나타난다. 호수의 얼음은 아직 완전히 녹지 않았지만 오두막에서 일을 하는 동안(새로운 자아를 '짓는' 동안) 결빙된 호수(정신적인 완고함과 무기력한 상태)는 계속해서 녹고 있다. 화자는 녹고 있는 얼음과 정신적 '겨울'로부터 빠져 나오는 자신의 움직임 사이에 나타나는 의미심장한 일치를 분명히 밝힌다. "땅뿐만 아니라 겨울 같은 인간의 불만도 녹아내리는 유쾌한 봄날이었고, 무기력한 상태로 누워 있던 생명이 기지개를 켜기 시작했다." '생명이 기지개를 켜는' 자연은 화자가 느끼게 되는 새로운 활력을 은유적으로 표현한 것이다. 다음으로 그는, 호수 속으로 들어가 '15분 이상을… 호수바닥에서 가만히 있던' 뱀을 언급한다. 아직 동면이라는 '무감각한 상태에서 완전히 벗어나지 못했기 때문'이리라. 화자는 이처럼 반쯤 깨어난 뱀을 자기와 여타 사람들의 정신 상태를 의미하는 것으로 본다. 그는 그 뱀이 결국에는 햇볕을 쬐어 녹을 것이고, 마찬가지로, 그와 모든 사람들도 만약 자연의 소생력을 느낀다면 '천박하고 원시적인 상태'로부터 깨어날 수도 있다고 생각하면서, 자신과 다른 사람들에 대한 희망을 발견한다. 그는 사람들이 '그들을 깨우는 봄의 생기가 뿜는 영향력을 느껴야 한다'는 믿음을 선언하고, 그렇게 하면 '더 높고 더 거룩한 삶으로 반드시 올라갈 것'이라고 한다. 화자는 '한 마리의 부지런한 개똥지빠귀의 노래'를 신호로 삼아 더 높은 상태의 삶을 향해 이동하고 있다. 소로의 글에서 새들, 특히 개똥지빠귀의 노래는 영감을 상징하기 위해 종종 사용된다.

소생의 은유는 화자가 의류와 가구에 대해 논할 때도 나온다. 그는 화려한 옷에 대한 사람들의 집착과 대다수가 성격적인 특징보다는 외모로 사람을 판단한다는 사실을 비난하면서 외부의 껍질 밑에 있는 내면의 존재에 관심을 나타낸다.

사람은 먼저 내적인 완성에 관심을 가져야 한다. 진정한 아름다움은 정신 속에서 태어나기 때문이다. 이것을 설명하기 위해 그는 소생과 부활에 대한 자연 현상으로 고개를 돌려 자연스럽고 진정한 아름다움은 내부에서부터 자라야 하며 외부적으로 손을 댈 수 없다고 지적한다. 그 '새로운' 뱀은 옛 것 속에서 새로운 껍질을 만들어낸 후 봄이 되면 낡은 껍질로부터 모습을 드러내고, 애벌레는 고치 안으로 물러나 자신을 완성시켜 나비가 되며, 물새는 낡은 깃털을 벗고 새 깃털을 자라게 하는 털갈이를 통해 그 모습을 새롭게 한다. 동물들이 내부적인 성장을 통해 더 아름답고 완전한 생명체로 모습을 바꾸듯 사람도 정신적으로 아름다워지려면 낡고 불완전한 자아를 벗어 던지고 내면에서 새롭고 더 완벽한 자아를 만드는 일에 관심을 가져야 한다.

가구라는 주제는 화자에게 어떻게 새로운 것을 위해 낡은 생활방식을 벗었는지를 묘사하는 또 한 차례의 기회를 제공해 준다. 그에게 가구는 소로가 정신적으로 완전해진 사람의 상징으로 사용하는 '나비'를 얽어맬 수도 있는 거미줄 같은 것이다. 따라서 그는 가구 모으기를 피하거나 아니면 차라리 생활에서 가구를 '없앤다'. 뱀의 껍질 벗는 과정을 언급하면서 그는 묻는다. "글쎄, 가구를 없애지 않는다면 이사를 간들 무슨 소용인가…" 다시 뱀의 소생을 가볍게 언급하면서 재산에 구애받지 않고 매년 삶을 새롭게 시작하기 위해 소유물을 태우는 의식을 연례적으로 치르는 야만인들을 칭찬한다. "그들은 적어도 해마다 허물을 벗는 시늉이라도 하는 것이다." 그는 모든 사람들이 자신이 했던 '유사한 방식으로' 스스로를 정화시키고 준비하기를 소망한다. 그는 가구와 전통, 채무, 평범한 물질적 삶에 대한 걱정을 던져버렸다. 새롭고 더 완전한 정신을 발현시키기 위해 낡은 사회적 개성을 던져버린 것이다.

　정화와 소생, 부활과 연관된 압도적인 수의 은유를 통해 독자들은 '나'의 주된 관심과 〈월든〉의 가장 중요한 주제가 낡은 삶을 뛰어넘어 고양된 정신적 삶으로 재탄생할 가능성을 다루는 것이라고 결론지을 수 있다.

Chapter 2
나는 어디서 무엇을 위해 살았는가

화자는 여러 해 동안 콩코드 시골에 있는 농장을 구입하려고 생각했다는 말을 한다. 그는 많은 부지를 고려해 봤고, 여러 농부들과 값을 흥정함으로써 뉴잉글랜드 사람의 약삭빠른 기질을 발휘해 보기도 했다. 그러나 "숲 생활의 경제학"에서 표현했던 자신의 충고에 따라 농장을 구매 하지 않았다. 당연히 경제적으로 그를 옭아매고 삶을 복잡하게 만들 것이기 때문이었다. 게다가 왜 그가 농장을 소유해야 하는지를 논리적으로 따져 봤다. 농장에서 살아가는 개인에게 진정한 가치가 있는 모든 것―정신적으로 원기를 돋우어주는 자연과의 친밀하고 개별적인 접촉―은 공짜로 얻을 수 있지 않은가?

그러나 할로웰이란 곳은 화자가 바랐던 각별한 이점을 제공했다. 그곳은 '마을에서 2마일쯤, 또 가장 가까운 이웃에서는 반 마일 거리였고, 큰길에서도 떨어져 완전한 은신처'였던 것이다. 그는 외딴곳을 바랐지만 담보대출로 입주해야 하는 할로웰은 그럴 만한 곳이 아니었기 때문에 달리 적당한 장소를 만들어내야 했다. 바로 원시적이고 비싸지 않은 월든 호숫가의 '농장'이 그런 곳이었다. 1845년 7월 4일 호숫가의 오두막으로 이사한 그는 사회와 저당권으로부터 독립을 선언했고, 그곳에서 마을 생활의 하찮은 일과 치열하고 무의미한 경쟁이 난무하는 경제 활동에서 벗어나 자유롭게 자연으로부터 영감을 받았다.

　화자는 월든으로 이사한 직후 찾아온 정신적 희열을 이야기한다. 그는 무르익는 여름과 다양한 새들의 노래를 즐기는 동안 너무나 만족스럽고 행복한 나머지 그곳을 더 이상 단순한 오두막이 아니라 '새롭고 범속하지 않은 우주의 한 부분'으로 보게 되었다. 어떤 사람들에게는 그것이 집에 대한 궁색한 변명으로 보였을지 모르지만 영감을 받은 화자에게는 신성한 곳이었다.

　화자는 특히 월든의 아침을 즐겼다. 그는 매일 아침이 '나의 삶을 자연 자체만큼이나 단순하고 순결하다고 말할 수 있게 만드는 활기찬 초대'라는 것을 발견했다. 호수에서 멱을 감을 때는 육체적으로나 정신적으로 고무되었고, 그날뿐 아니라 삶 자체도 진정으로 자각한다는 것을 깨달았다.

　어떻게 그의 삶이 신선하고 지극히 활기차졌는지에 대해 본보기를 제공한 그는 독자들을 향해 왜 계속해서 그토록 재미없게 살고 있는지 묻는다. 삶이 즐거움 넘치는 축복이 될 수 있음에도 왜 개미처럼 초라하게 살기를 고집하는지 의아한 것이다. 그는 '우리가 인생을 하찮은 일에 허비'하고, 대다수 사람들의 품성이 여러 상반되는 부분들로 불편하게 갈라져 있다고 불평한다. 그리고 자신의 정신적 온전함을 예로 들면서 그가 발견하고 발표했던 정신분열 치유법("숲 생활의 경제학")을 제공한다. "간소하게, 간소하게, 간소하게 살라. 제발 바라건대, 여러분의 일을 두 가지나 세 가지로 줄일 것이며, 백 가지나 천 가지가 되도록 두지 말라." 더욱이 생활 속의 모든 사소한 일들을 제쳐놓고 즉시 현실적이고 진정한 삶에 대해 관심을 갖기 시작해야 한다. 이를테면, 무가치하고 반복적인 일간지의 뒷공론을 읽느라 시간을 낭비하지 말고 진정한 존재의 진리를 구해야 한다는 것이다.

화자는 그렇게 할 수 있었고, 우리는 그가 진리를 '채굴하며 나아가는' 것을 지켜본다. "나는 여기 언덕들 속을 채굴하며 나의 길을 나아갈 것이다. 내 생각에는 가장 풍요로운 광맥이 이 근처 어딘가에 있다." 〈월든〉이 진행되면서 우리는 그가 월든 호수에서 살며 '채굴한' 정신적 풍요를 보게 될 것이다.

우선 독자는 2장의 처음과 끝에서 나타나는 화자의 이미지 사이의 유사성에 주목해야 한다. 처음에 그는 풍경에서 자신의 영혼에 귀중한 것을 '추려낼' 능력을 지닌 시인 — 자신 — 을 묘사했다. 그는 할로웰 농장을 사지는 않았지만 마음

속에 그곳의 경치를 그대로 간직하고 있었고, "따라서 외바퀴 손수레 없이도 해마다 그 경치가 생산한 것을 실어 날랐다." 2장의 끝에서는 그를 완전하게 하는 가치들을 삶에서 파내며 현실을 '채굴하는' 모습을 보게 된다. 〈월든〉을 통해 우리는 책, 동물, 소리, 그리고 모든 삶의 방향을 자아의 성장 과정을 향한 가치 면에서 접근하는 화자를 만나게 될 것이다. 사실상 세상의 모든 것은 그의 완전을 향한 탐구에 기여하기 위해 존재한다. 2장의 중간쯤에서 피력하듯 "나는 깊이 있게 살면서 삶의 정수를 모두 빨아들이고 싶었다."

이 장은 화자의 '채굴', '추려내기', '빨아들이기' 시도가 성공했음을 극적으로 설명하고 있다. "숲 생활의 경제학"에서처럼 화자의 성장하는 영감 상태에 신호를 보내는 것은 새들의 노래다. 소로의 영감의 특별한 상징은 '숲의 개똥지빠귀가 주위에서 노래하고, 그 소리가 호숫가 여기저기서 들릴 때' 다시 나타난다. 그리고 독자는 화자가 호수에서 멱을 감을 때 정신적인 정화의 다른 상징들, 물과 종교적 세례의식의 상징도 발견한다. 화자는 이러한 암시를 조심스럽게 밝혔다. "나는 일찍 일어나 호수에서 멱을 감았다. 그것은 종교적 행사였으며 내가 했던 최상의 일 가운데 하나였다." 이 상징적 행동이 아침에 일어난다는 것도 의미심장하다. 새 날이 밝으면 화자는 매번 여명과 함께 새로운 삶이 시작된다고 믿는다. "아침은 내가 깨어 있고 내 안에 새벽이 있을 때다." 그는 한때 대다수의 '잠자는 사람들'과 함께했던 정신적 수면 상태에서 점점 더 벗어나고 있다고 믿는다. 이제는 더 이상 월든 호수 바닥에서 무기력하게 있는 반쯤 녹은 뱀("숲 생활의 경제학")과는 다른 것이다.

"숲 생활의 경제학"의 결론에서 화자는 개인적 개조의 첫 단계는 위대해질 수 있는 잠재력을 발견하기 위해 내면으로 향하는 행동이라고 말했다. 2장에서는 화자가 자기 내부에서 자신과 세상을 새롭고 더욱 정신적으로 완벽하게 볼 수 있도록 해주는 상상력을 발견했고, 따라서 호숫가의 오두막은 사실상 정신적 삶의 개발을 위한 가치 면에서 궁전과 다름없었다. 화자가 가장 두드러진 상상력을 발휘하는 행위는 자기와 세상과의 관계에 대해 새로운 정의를 만들어내는 것이다. "내가 앉는 곳은 어디나 그곳에서 살 수도 있으며, 그 경치는 나로부터 퍼져 나온 것이다"란 선언은 호수로 이사한 행위보다 더 의미심장한 독립 선언이다. 화자는 수 세기 동안 유행했던 사람의 본성에 대한 시각을 뒤집고 있다. 그는 낡은, 특히 18세기의 우주와 인간의 관계에 대한 시각을 거부한다. 수 세기 동안 그 관계에 대한 일반적인 생각은 개인은 세상에서 미리 운명 지어진 장소, 즉 '구멍'에 잘 들어맞도록 되어 있다는 것—인생에서 미리 정해진 역할 계획에 순응하는 것—이었다. 이론적으로 이 '구멍'은 모든 형태의 존재가 일정한 위치를 가진 우주에서 빈틈없이 그것들을 배열한 하나님이 정해

주신 것이었다. 그러나 사실상 개인의 '구멍'은 지금처럼 그때도 전통과 권위에 의해 결정되었다. 화자는 자기, 자기의 의식이 우주의 중심이라고 발표함으로써 이 탁상공론을 극적으로 뒤집는다. 그는 세상에 끼워 맞춰지지 않고 오히려 세상이 그의 주변에서 짜 맞추게 될 것이다. 그는 세상과의 관계 속에 존재하지 않을 것이고, 세상이 그와 관계하여 존재할 것이다. 그가 모든 존재의 중심이기 때문이다. 그는 살면서 특별한 자리에 적응하거나 그 자리에 얽매이지도 않기로 작정한다. 할로웰 농장을 샀더라면 그런 사태가 벌어졌을 것이다. 대신 이제는 농장 생활의 일상이나 사회법이 그의 삶을 명령하는 것이 아니라 그가 자신의 삶과 주변 세계에 명령을 내릴 것이다. 사실상 그는 내면의 새로운 자아뿐 아니라 새로운 세계, 자신의 세계도 창조하고 있다. 그는 자신을 우주의 중심에 놓음으로써 다시 한 번 〈월든〉의 '나'의 1차적인 중요성을 강조한다. 완성을 향해 나아가는 과정의 주관적 실체인 '나'로 다시 독자의 주의를 돌리는 것이다.

Chapter 3

독서

　　"숲 생활의 경제학"에서 화자는 삶이라는 위대한 실험을 두고 자유롭게 모험하도록 불필요한 문명의 짐을 벗어 던지라고 충고했다. 그러나 위대한 책들은 인간이 버려서는 안 되는 유산 가운데 하나다. 사람들이 이전 세대로부터 물려받는 대부분의 것들—인습, 재산, 돈—이 정신 성장에 정반대가 되는 반면 '책은 세상의 소중한 재산이자 누(累) 세대와 국가들의 온당한 유산'이다. 화자는 이 부분에 대한 경험을 말하고, 월든에서는 그다지 독서를 많이 하지 않지만, 정신적 성장을 시도할 때 문학의 가치를 깨닫는다. 그는 "진리를 다루는 데에서 우리는 불멸이다"고 믿는다. 따라서 문학에서 얻을 수 있는, '진리'란 영원불변의 표현은 초월성을 탐구하는 개인에게 절대적으로 필요한 것이다. 그는 호머와 아이스킬루스의 작품이 가장 가치가 있다는 것을 알았다. "인간의 가장 기품 있는 사상을 기록한 것이 고전이 아니라면 무엇이겠는가?" 단테, 셰익스피어, 동서양의 경전을 읽음으로써 '우리는 마침내 천국에 오르기를 희망할 수 있는 것'이다.

　　위대한 문학의 가치를 언급했던 화자는 이어 정신적으로 '잠자는 사람들'을 향해 독서의 덕을 보려는 의지가 없고 천박한 대중 소설을 열심히 읽는 통탄할 만한 행위를 한다며 꾸짖는다. 그는 대부분의 사람들이 소위 쉬운 책을 읽으며 흐리멍덩한 생활로 능력을 허비하는 것에 불만을 늘어놓고, 19세기 미국의 많은 대중 소설의 특징인 이런 편한 독서에 대해 서술한다. 화자에게는 사람과 사회가 그토록 정신적으로 죽어 있다는 것은 놀라운 일이 아니다. 초라한 문학은 초라한 정신을 낳을 수밖에 없는 것이 당연하니까.

화자는 '잠자는 사람들'을 깨우는 문화를 제공하지 않는 사회를 고발하며 이 장을 끝맺는다. 콩코드와 미국에서는 '피그미족이나 난쟁이에게만 가치 있는 문화'가 발견되고, 우리는 '지적 비행에서 (작은 새들보다) 더 높이 날아오르지 못한다'. 그는 장사나 농업뿐 아니라 인간 문화에도 헌신하는 새로운 사회를 요구한다. 사회는 예술의 후견인이 되어야 하고, '비범한 학교' 설립을 행동에 옮겨 사람들이 삶의 진정한 의미를 발견하게 해야 한다. 그리고 마을을 문화 중심지로 만들어 언젠가는 고결한 마을사람들을 가질 수 있도록 해야 한다.

에머슨이 3단계로 묘사했던 초월주의자의 활동—과거의 지혜로 자신을 풍요롭게 하고, 자연의 경험을 통해 고결해지고, 사회 개신을 꾀한다—을 띠올린다면 화자가 일든에 있는 동안 독서를 많이 하지 않는다는 내용은 의미심장하게 보일 것이다. 명백히 화자는 이미 초월적 삶의 첫 번째 필수요건을 성취했으며, 과거 문학에서 삶에 귀중한 것을 상당부분 추려냈다. 3장은 화자가 독서에서 얻은 것을 묘사하고 독자도 똑같은 정신적 진리의 광맥을 '채굴'해야 한다는 간곡한 권고로 구성된다.

문학이 화자에게 아주 풍성한 광맥임이 입증되었다는 것은, 그가 반복적으로 사용하는 '새로운 날'의 은유로 나타난다. '새로운 날'이란 정신적 각성과 소생을 가리킨다. 화자는 고전이 거의 아침만큼이나 아름답다고 하고, '가장 민감하게 깨어 있는 시간'을 고전 읽기에 쏟는다고 말한다. 그는 독자들에게 아침시간을 호머와 아이스킬루스에게 바치면 정신적 회춘이 따를 것이라고 장담한다. "얼마나 많은 사람이 독서로 인생의 새로운 시대를 시작했던가!" 소생의 정반대 이미지는 '잠자는 사람들'의 머리를 쓰지 않는 독서와 연관되어 있다. 그 결과는 판단이 흐려지고 생명 순환이 정체되며 전반적으로 태만해진다.

독자는 특히 화자의 사회개혁 요구에 주목해야 한다. 이처럼 사회적 관심에 대해 현실 의식을 지닌 화자의 이미지는 소로 비평가들이 보통 그를 반사회적 은둔자라고 부를 때 간과하게 되는 부분이다.

Chapter 4
소리

화자는 초월에 이르는 수단으로서의 문학에 대한 지나친 의존을 조심하라고 경고한다. 문학은 진리에 이르는 길을 제공하면서도 저자의 현실 경험을 표현한 것이므로 현실 자체의 대용이 되어서는 안 된다. 정신적으로 고결해지기를 바란다면 즉시 삶의 풍요를 직접 체험해야 한다는 것이다. 따라서 "나는 첫해 여름에는 책을 읽지 않았고, 콩을 갈았다"라는 화자의 고백은 대단한 의미가 있다.

화자는 호수에서 몸소 자연을 경험했고, 오두막의 문간에 앉아 '새들이 노래하거나 소리도 없이 휙 날아가버릴 때' 여름 아침의 아름다움을 즐기며 희열을 느꼈다고 한다. "나는 나의 끊임없는 행운에 조용히 미소 지었다." 그는 정신적으로 잠든 마을사람들이 틀림없이 자신의 상황을 완전한 나태로 규정지을 것이라는 생각에도 동요되지 않았다. 그들은 자기들이 놓치고 있는 기쁨을 몰랐던 것이다.

화자의 공상은 철도 차량의 덜거덕거리는 소리와 기관차의 날카로운 기적소리에 방해받는다. 잠시 공상을 멈춘 그는 철도의 가치와 철도가 나타내는 미국 기업과 산업의 감탄할 만한 의미를 곰곰이 생각해 보지만 생각하면 할수록 더 짜증스러워지면서 희열도 사라진다. 기적소리는 그가 가장 좋아하는 전원적인 농민의 생활방식의 소멸이자, 공장, 즉 저임금의 착취형 작업장, 혼잡한 도시 중심가, 조립라인이 있는 산업화된 미국의

부상을 알리는 것이 아닌가 말이다. 그는 월든에서의 목가적 삶의 특징인 편하고 자연적이며 시적인 삶을 밀어내는 철도를 일종의 적으로 인식하고, 그것을 피하겠다고 선언한다. "나는 기차의 연기와 증기, 칙칙폭폭 소리에 눈이 안 보이고 귀가 들리지 않는 꼴이 되지는 않을 것이다."

기차가 지나가면 법열이 살아난다. 멀리 떨어진 마을의 종소리, 숲 너머 목초지에서 나는 소들의 울음 소리, 그리고 쏙독새 무리의 노래소리에 귀를 기울이고 있노라면 하루가 저물면서 화자의 일체감과 성취감이 자라나는 것이다. 하지만 밤이 되면 새로운 소리, 올빼미의 '가장 엄숙한 묘지 소곡'이 들린다. 화자에게 이것은 '음악의 어둡고 눈물겨운 측면'이다. 그는 올빼미의 곡조를 '황량한 땅거미와 모두가 지닌 불만족스러운 생각'을 반영한 것으로 해석하면서도 울적하지 않다. 자연의 희망과 소생의 노래, 새벽에 수탉의 활기찬 울음소리 다음에는 올빼미의 의기소침한 곡조가 꼭 뒤따른다는 것을 알고 있기 때문이다. 이것은 모든 우울함은 생명이 짧아 결국 사람이 자연과 가까이 살게 될 때 반드시 희망과 성취에 길을 비켜준다는 낙천적인 믿음을 뒷받침해 준다.

4장은 다양한 소리로 얻어지는 법열을 다루며, 제목은 더 폭넓은 의미를 지닌다. 소로는 즉각적이고 감각적인 경험의 우선적 가치를 강조하고 있다. 초월적인 삶을 살려면 삶에 대한 책을 읽고 사고해야 할 뿐 아니라 직접 경험해 보아야 한다는 것이다.

4상이 시작되면서 바로 그린 모습의 화자를 보게 된다. 그는 삶에 깨어 있고 주변에서 '보여지는 것을 항상 보면서' '영원한 불침번 상태'에 있다. 그렇게 그는 자연의 자극에 자신을 열어놓고 있다. 지금쯤은 그 결과를 예측할 수 있는데, 독자는 소생의 중요한 은유(여름 아침, 먹 감기, 일출, 새들의 노래)에 주목해야 한다. 그가 정신적으로 '그 계절들의 밤에

옥수수처럼 성장했다’는 사실은 자연의 봄철 소생이란 이미지
로 상징된다. “죽은 것처럼 보였던 마른 나무에서 늦은 봄에
갑자기 밀고 나오는 커다란 봉우리는 마법에 의한 것처럼 단
아한 초록빛의 부드러운 가지로 자라났다.” 자연처럼 그는 일
종의 정신적 죽음에서 살아나 성취를 향해 나아가고 있다.

　　　화자의 몽상을 기관차가 방해한다는 것은 〈월든〉에서
가장 주목할 만한 사건 가운데 하나다. 그의 몽상을 밀치고 들
어와 산업혁명, 상업의 성장, 농경문화의 죽음이라는 진보적
이고 기계적인 19세기의 현실로 그를 급히 돌려보낸 것이 자
연스럽지 못한 기계 소리란 점은 아주 중요하다. 이런 침입에
대한 화자의 반응을 관찰하면 흥미롭다. 자연스럽고 융합된
자아, 융합된 삶의 시각을 얻으려 애쓰는 개인인 그의 앞에는
대조적인 세계를 묘사하는 두 개의 충돌하는 이미지 ─ 푸르게
우거지고 교감이 이루어지는 자연과 차갑고 시끄럽고 부자연
스럽고 비인간적인 기계 ─ 가 있다. 그는 마을사람들이 부서
진 삶을 살며, 적대적이고 비타협적인 부분들로 이루어진 세
계에서 살고 있다고 비난했다. 그러나 지금 기계가 덜커덩거
리고 기적을 울리며 화자가 자연과 조화를 이루고 사는 평온
한 세계로 들어오면서 화자 역시 분열이라는 똑같은 비판에
노출되었다. ‘보여지는 것을 항상 보고’ 있는 그는 이런 부조
화스런 이미지를 무시할 수 없어서 내부의 힘, 즉 상상력을 이
용해 기계를 자연의 일부로 변형시키려고 한다. 이것이 효과

를 발휘하면 그는 다시 현실에 대해 온전하고 통합된 시각을 갖게 되면서 정신적인 일체감을 되찾을지도 모른다. 따라서 그는 상상으로 기차를 자연의 모습에 비유한다. 덜커덩거리는 차량은 '자고새 소리처럼' 들린다. 다시 한 번 자연의 비유를 이용해 기차를 자연 조직의 일부로 만든다. "기관차의 기적은 농부의 마당 위를 떠도는 매의 울음소리처럼 일 년 내내 내가 사는 숲을 꿰뚫고 들려온다." 시적 재능을 빌려 그처럼 부자연스러운 것을 자연스럽게 변형시킨 화자는 계속해서 그 단순한 직유를 넘어 더 복잡한 수준의 신화로 옮겨가고, 기차를 신화적으로 처리함으로써 인간의 조건을 낙관할 명분을 갖게 된다. "철마의 발굽이 대지를 뒤흔들고, 콧구멍에서 불과 연기를 내뿜고, 천둥 같은 배기음이 언덕에 울려 퍼지는 것을 들으면… 지구는 이제 그 위에 거주할 만한 종족을 갖게 된 것이 아닌가 싶다."

　　초월주의자에게는 자연뿐만 아니라 신화도 인간에 대한 진리를 드러내므로 화자는 상상으로 만든 이 기차 생물의 성신적 의미를 '추러내고', 이 산업혁명의 신물에서 초월을 성취하게 될 인간에게 필요한 인내와 용기라는 미국인의 상징적 미덕을 발견한다. 인간은 기관차에서 "결코 옆으로 비켜나지 않는 운명, 아트로포스*를 구축해 왔다." 그는 독자들에게

---

* **아트로포스**(Atropos): 그리스 신화에 나오는 운명의 세 여신(Fates) 가운데 하나. 인간의 생명줄을 끊는 역할을 한다.

"그것이 여러분의 엔진 이름이 되게 하라"는 충고를 함으로써 기관차가 나타내는 확고함과 높은 목적성에 감탄하고 있음을 드러낸다. 기차는 또한 상업 세계의 상징이고, 상업은 '게다가 그 방식이 아주 자연스럽기' 때문에 화자는 상업에서 인간을 위한 진리를 끌어낸다. 그는 초월적인 탐구를 유지하는 데 필요한 영웅적이고 의지적인 정신이 상업에 나타나 있음을 발견한다. "상업에 호감이 가는 것은 진취적인 기상과 용기 때문이다. 상업은 두 손을 깍지 끼고 주피터에게 기도하지 않는다." 그리고 고결한 사람의 다른 특징들도 보여준다. "상업은 뜻밖에도 자신감 넘치고, 침착하고, 빈틈없고, 모험적이고, 지칠 줄 모른다."

이 모든 것은 좋게 생각되고, 화자는 기계의 세계를 자기 세계로 통합시키는 데 성공한 것 같다. 그는 지금 엄청난 상상력의 승리 덕분에 한층 높은 수준의 법열을 되찾을 수 있을 것 같다. 그러나 화자는 관념론적인 바보가 아니다. 그는 자신의 냉정한 현실주의를 자랑한다. 신화적·시적으로 철로와 상업세계를 보면서도 그의 비판적 판단력은 여전히 작동하는 것이다. "지구는 이제 그 위에 거주할 만한 종족을 갖게 된 것이 아닌가 싶다"고 선언하는 동시에, '…처럼 보인다'는 시적 시각의 외관을 뚫고 들어감으로써 "모든 것이 보이는 대로라면, 인간은 숭고한 목적을 위해 자연력을 신하로 삼았다!"고 불평하면서 신화를 끌어내린다. 물론, 철도와 상업은 일반적으로 숭고한 목적에 종사하지 않는다. 철도는 상업에 이바지하고, 상업은 자기 목적을 채운다. 그리고 철도 노선은 완전한 모험의 진취적 기상과 용감성에도 불구하고 경제적인 고된 일의 세계, '잠자는 사람들'의 세계로 다시 이어진다. 기관차는 소비자들을 위해 더 많은 물건을 생산하도록 자극했지만 실질적으로 정신적인 삶의 질을 향상시키지는 못했다. 화자에 의하면 기관차와 기관차를 낳은 산업혁명은 삶을 싸구려로 만들었다. 미국의 산업화는 화자가 선호하는 옛날의 농경 생활 방식을 파괴했고, 갑자기 그렇게 살았던 사람들을 내쫓았다.

양(羊)을 실은 열차가 덜거덕거리며 지나가는데, 그 중간에 '가축 떼 수준으로 소몰이꾼들을 실은 열차 한 칸이 끼어 있다. 화자는, 직업을 잃었지만 여전히 쓸모없는 막대기를 직업의 표식처럼 붙들고 있는 그들'을 애처롭게 바라본다. 그들은 초기 자동화의 첫 희생자들이다. 그때 갑자기 자신도 잠재적 희생자라는 것을 깨닫는다. 그는 월든으로 옮겨와 농사를 짓는 목가적인 생활 방식을 선택했고, 그 생활에서 양치기나 소몰이꾼은 선통적인 상징이다. 철도가 밀어낸 소몰이꾼을 보면서 화자는 "당신의 목가적인 삶도 그렇게 질주하듯 지나가 버렸다"는 것을 깨닫는다. 화자는 기차가 지나가고 나서야 몽상을 다시 시작하게 되지만 이 문제가 해결된 것이 아니라는 점에 주목해야 한다.

화자는 자연을 통해 성취한 것을 상징으로 나타내면서

4장을 끝맺는다. 올빼미가 부른 슬픔의 노래를 들으며 우울한 밤을 보냈지만 정신적 활력과 희망의 감각은 손상되지 않았다. 그가 '울타리 없는 자연이 바로 당신의 창틀에 와 있다'고 묘사할 때 독자는 지속적인 법열을 상징적으로 알게 된다. 자연 속에서 발견하는 거칠고 넘쳐나는 삶의 풍요는 4장의 시작 부분처럼 화자의 정신적 활력과 '무르익음'을 반영해 준다.

Chapter 5

고독

겉으로 보기에는 화자가 철도 사건을 잊고 다시 한 번 희열에 빠져 있다. 자연과 너무나 잘 조화된다는 느낌이 든 그는 '자신을 자연의 일부'라고 선언한다. 그날 저녁은 너무 '상쾌하고' 자연과의 일체감이 커서 이루 표현할 수 없을 정도다. "바람에 나부끼는 오리나무와 백양나무 잎들과의 교감으로 거의 숨이 막힐 것 같다." 올빼미의 곡조가 휘저어놓은 우울한 생각들이 결국은 행복감으로 변한다는 그의 믿음이 확인되는 것이다. 그가 맛보는 현재의 법열은 "자연의 한가운데서 생활하며 자신의 오감을 잃지 않고 잘 유지하는 사람은 지독하게 어두운 우울증 같은 것에 절대로 걸리지 않는다"는 것을 증명한다. '작은 솔잎 하나하나가 교감으로 부풀어 올라 나의 친구가 되어주었던' 이런 정신적 성취의 순간에 화자는 마을사람들이 빈정거리며 던진 말을 떠올린다. "그곳에선 외로울 것 같군요. 비 오는 날이나 눈이 오는 날, 특히 밤에는 사람들과 더 가까이 있고 싶지 않습니까?"

달콤하고 부드러운 자연과의 교제로 성취감을 얻은 화자는 이런 말이 우스울 정도다. 자연이 마을사람들이 그토록 중요시하는 인간 사회에서는 찾을 수 없는 만족을 주기 때문에 자기가 이런 생각에 날카롭게 반응하는 것은 당연하다고 느낀다. 기차역, 술집, 회의소, 또는 식품점 옆에 사는 것이 무슨 의미가 있는가? 다른 사람들과 팔꿈치를 비비는 것이 얼마나 대단한 가치가 있는가? 그는 "사회가 일반적으로 너무 값싸다"는 것을 알았다. 우리는 너무 짧은 간격으로 만난다. 하루 세 번 식사 때마다 만나 서로에게 우리라는 오래된 곰팡내 나는 치즈를 새롭게 맛보인다." 버드나무가 그 뿌리를 양분이 있는 방향으로 보내듯이 정신에 관심이 많은 화자 역시 정신적 양분을 콩코드가 아니라 '영원한 생명의 원천', 자연에서 찾는다.

부드럽고 다정하고 새롭게 활력을 주는 자연과의 교제에서 외로움은 온당치 못한 걱정이다. 자연의 일부라고 절절하게 느끼는 그에게 외롭냐고 묻는 것은 호수에 있는 되강오리, 1월의 해동, 북극성 혹은 월든 호수에게 외로운지 묻는 것과 같다.

화자가 어째서 '자연이란 친구'가 인간 친구보다 더 낫다고 하는지 궁금하다면 자연에 대한 소로의 견해를 생각해 보면 된다. 소로는 자연을 자기 안에 있는 육체적 인간을 소생시킬 수 있는 감각적 기쁨의 어마어마한 원천이자 정신세계를 경험할 수 있는 매개체로도 보았다. 그에게 자연은 글자 그대로 육체적 · 정신적인 '삶의 영원한 원천'이다. 자연과 조화를 이룬다는 것은 육체적 · 정신적으로 완전해지는 것을 의미했다. 소로는 인간 친구는 자신에게 그런 완전한 느낌을 자극할 수 없다는 사실을 알고 있는 것 같았다. 따라서 인간 친구가 자연보다 열등하다는 판단을 내렸던 것이다.

자연과의 고독한 관계로부터 얻은 자극은 소생과 일신(一新)의 은유로 묘사된다. 화자는 자기도 되강오리(다시 새로워지는 신호로 매년 털갈이를 한다.)나 1월의 해빙(겨울철의 생기 없는 정신 상태로부터 벗어나려는 움직임)처럼 외롭지 않다고 주장한다. "나는 혼자 있는 것이 건전하다는 것을 알고 있다"는 의미심장한 말장난에 주목하자.

화자는 월든 호수가 외롭지 않듯이 자기도 외롭지 않다고 말하면서 〈월든〉의 새로운 은유적 연속성을 소개한다. 그 호수는 나중에 화자의 정화되고 완전해진 정신에 대한 은유로 발전한다.

Chapter 6

방문객들

　"나는 당연히 은둔자가 아니다. 최고라고 할 만큼 사교를 좋아하는 사람이다." 화자는 월든에서 자연과 고독하게 교류하면서 많은 시간을 보냈지만 때때로 방문객들을 초청해서 대접하기도 했다. 실제로 한 번에 25명을 맞았던 적도 있었다. 그러나 대체로 콩코드에서부터의 거리 때문에 고독한 삶을 방해받는 경우가 아주 적었고, 보통은 필요한 사람들만 찾아왔다. "사소한 일로 나를 만나러 오는 사람은 거의 없었다… 나는 고독이라는 거대한 바다 안쪽으로 멀리 떨어져 있었고, 그 속으로 사교라는 여러 강들이 흘러들었으며, 대체로 내가 필요로 하는 것들을 놓고 따져보면, 가장 훌륭한 침전물들만 내 주위에 쌓였다."

　화자가 좋아하는 방문객들 중 한 사람은 캐나다 태생의 나무꾼이었다. 화자는 그의 단순하고 정직한 성격 때문에 나무꾼과 벗하는 것을 아주 기뻐했다. 그 사람보다 "더 단순하고 자연적인 사람은 찾기 힘들 것이다." 화자가 보기에 나무꾼은 이상적인 삶을 영위했다. 일찍 일어났고, 근심이 없었으며, 자연과 가깝게 최소한의 수준으로 생활했기 때문에 돈을 벌려고 아등바등 일하지 않아도 되었다. 점심을 먹으면 새들이 어깨에 와 앉을 정도로 '자연적인' 사람이었다. 여전히 '진리를 추려내는' 화자는 그가 이상적인 사람이라고 단언할 준비가 되어 있었지만 그가 지닌 중요한 결함을 알게 된다. 나무꾼은 자연에 만족했지만 주로 잘 먹인 소 같은 느

껌으로 만족했다. "그의 내부에 있는 지적이고 소위 정신적인 인간은 유아의 내부처럼 빈둥대고 있었다." 그 나무꾼은 자연스러웠고 사교라는 인위적인 것에 고통받지 않았지만 그도 역시 마을사람들처럼 '잠자는 사람'이었다.

내게는 다른 방문객들도 있었다. 머리가 좀 모자란 구빈원 사람들이 있었는데, 화자는 그 중 몇 명이 소위 민생위원들이나 읍내 행정위원들보다 더 현명하다는 것을 알고도 그다지 놀라지 않았다. 그리고 '활동적이고 헌신적인 사람들'도 호수를 찾아왔지만 즐겁게 지내지 못했다. 경제적인 세계에 너무 골몰해서 자연의 은혜로운 영향을 느낄 수 없었던 것이다. '그 중에서도 가장 따분한 사회개혁자들—먼저 자신을 개혁하지 않은 채 세상을 변화시키려고 돌아다니는 사람들—이 화자에게 설교를 늘어놓으러 오자, 그는 이런 밥맛 떨어지는 '인간 사냥개들'을 피했다. 호수로의 여행을 진정 즐기는 듯한 유일한 방문객은 아직 사회에 물들지 않은 어린 소년소녀들이었다. "그들은 호수에서 꽃들을 보면서 시간을 선용했다." 화자는 여전히 그런 사람들이 있다는 것이 기쁘다. "그런 종족과 의사소통을 했던 적이 있었기 때문이다."

6장 뒷부분에서 어느 정도의 근거를 대긴 하지만, 최고라고 할 만큼 사교를 좋아한다는 화자의 주장은 그다지 신빙성이 없다. '일 때문에 주점에 가면 가장 끈질긴 단골보다 오래 눌러앉아 있게 될지도 모른다'는 말이 진심인지는 알기 어렵다. 사실, 화자는 사교를 좋아하는 사람이 아니다. 사교보다는 자연 속에서의 고독을 더 선호한다는 사실은 그가 열정적으로 묘사하는 방문객들이 거의 없다는 것만 보아도 알 수 있다. 화자가 자신의 사교적인 모습을 입증하기 위해 애쓰고 있는 듯이 보인다면 그것은 집필 의도 때문이다. 소로는 책이 사회에 강한 영향력을 갖기 바라고, 그렇게 하기 위해서는 매력적인 화자를 만들어내야 한다. 따라서 고독을 선호하는 화자의 모습을 약화시켜 좀더 '호남(好男)'으로 만든 것이다.

화자가 방문객들에게 그리 영감을 받지 못했다는 사실은 이전 장에 얼마나 많은 소생의 은유가 나타났는지를 떠올려보면 명백하게 알 수 있을 것이다. "방문객들"에서는 아무도 없다. 화자가 마을의 방문객들과 인사를 나눌 때 자연과의 조화와 법열은 중단되는 것 같다.

Chapter 7

콩밭

화자의 중요한 활동은 콩밭을 돌보는 일이다. 밭은 길이가 총 7마일이나 되는 큰 것이었다. 밭은 식량과 현금을 제공했는데, 콩과 다른 채소에서 8달러 71.5센트의 수익을 올렸다. 매일 아침 일찍 그는 괭이로 잡초를 제거했고, 캐낸 화살촉과 도자기 조각들을 조사했는데, 무엇보다 중요한 것은 자기 일을 즐겼다는 것이다. 그것은 단순한 작업 이상이었기 때문에 자연과의 친밀한 접촉을 연장하는 기회였다. 여기에는 인생을 충만하게 즐길 또 하나의 기회가 있었다. 그래서 화자는 경제적 소득만을 위해 땅을 가는 농부들을 날카롭게 비판한다. 농업은 진정한 정신적 가치를 지닌 활동으로 '한때는 신성한 일'이지 않았는가. 그가 경작하는 농산물은 헛간을 채우는 것 이상의 가치가 있는 곡물이며 앞으로도 그럴 것이다. 그는 경험을 통해 마음속의 정신적 추수로 자연에 다가가는 '진정한 농부'는 '걱정이 없다'는 것을 배웠다. 성취, 만족, 마음의 고요가 화자가 콩밭에서 추수한 진정한 농산물인 것이다.

이전 장에서 화자는 나무꾼이 대표하는 생활 방식을 결

국 받아들일 수가 없었다. 그는 자연과 친밀한 유대를 갖고 있는 나무꾼을 좋아했지만 완전한 초월을 위해 필요한 지성과 직관, 상상력이 부족한 점을 그의 한계로 보았던 것이다. 화자는 정신적인 삶을 소망했지만 또한 그것이 자연의 삶―천국은 물론, 흙과 친숙한 삶―이기를 원했다. 그리고 그렇게 콩을 키우는 심오한 가치에 이르게 된다. "콩은 나를 대지에 귀속시켜주었고, 나는 안타이오스*처럼 대지로부터 힘을 얻었다." 이것은 화자가 콩밭에서 일하면서 얻은 한 가지 가치이며, 다른 것들도 있다. 그 중 하나는 그가 콩을 재배하는 방법이 야생의 길들여지지 않은 자연과 질서정연한 문명 사이에서 생활 방식을 확립할 수 있도록 해주었다는 것이다. 이런 식으로 그는 두 세계로부터 그에게 가치 있는 것을 얻었다. 사람의 세계로부터는 직업, 즉 땅을 경작하는 것을 끌어냈다. 하지만 밭에 비료를 주거나 괭이를 제외한 농기구를 사용하지 않음으로써 가능한 한 자연 상태로 남으려고 했다. 비유는 충분히 명백하다. '내 밭은 말하자면 야생과 경작된 밭들 사이의 연결고리였다"는 말은, 사회의 과도한 인공성과 부자연스러움에는 미치지 못할 만큼 문명화되었고, 경작되지 않고 길들여지지 않은 황야에는 미치지 못할 만큼 자연적이었다는 주장이다. 그

---

* **안타이오스**(Antaeus): 그리스 신화. 대지의 여신 가이아의 아들로 어머니와의 접촉에서 힘을 얻었다. 헤라클레스는 대지에서 그를 들어 올려 그의 에너지원을 차단함으로써 전투에서 이겼다.

는 자신을 인간화된 자연이면서 자연화된 문명의 상징으로 보고, 자기 속에서 두 세계 사이의 연결고리를 벼려내어 두 세계의 가장 좋은 점을 즐길 수 있다.

독자는 콩밭이 화자의 내면 상태를 나타내는 것으로 해석되어왔다는 점에 유의해야 한다. 콩밭은 글자 그대로 콩밭이고 화자에게 물리적인 자극의 원천이지만, 또한 화자의 자아―자연과 정신, 야생과 문명을 동시에 경험해야 하는 자아―에 대한 은유이기도 하다. "나는 어디서 무엇을 위해 살았는가"라는 제목의 장에서 화자는 부가적으로 "나는 항상 밭을 일구었다"고 말했다. 밭은 그의 자아에 대한 은유다. "콩밭"의 앞부분에서 그는 '밭'에 대한 의미를 생각하도록 독자를 자극하려 한다. "이것의 의미는 무엇이었는가?" "왜 나는 그것들을 재배해야 하는가?" "나는 콩과 나의 콩에 관해 무엇을 배우게 될까?"라고 물음으로써 콩밭에 더 깊은 의미가 있음을 나타내는 것이다. 콩밭에 정신적 의미가 있다는 것은 "하늘만이 안다"는 그의 대답에 의해 곧바로 제시된다. 화자는 월든 호수로 와서 자신을 경작하고 향상시킨다. 이것을 염두에 두면 그가 어떻게 '땅'을 일구었는지에 대한 묘사를 읽고 얻는 것이 있을지 모른다. "이것은 여름 내내 나의 호기심을 자극한 노동이었다. 전에는 양지꽃, 검은 딸기, 물레나물 등등, 향기로운 야생 열매와 아름다운 꽃들만 자라던 이곳 지표면에서 대신 콩을 생산하는 것." 화자의 내면의 발달과 마음의 완전

함에 이르는 과정에서 정신 성장이란 '여름'에 밭갈이가 '일과'
였다는 주장의 은유적 의미를 알 수 있다. 경작된 밭에서 잡초
대신 콩이 나오듯, 화자의 영혼은 자아 수양을 위한 노력 때문
에 더 훌륭한 속성을 개발하게 될 것이다. 그는 점토를 가진
조각가처럼 영혼을 창조하고, 자아가 정신의 완전함을 표현하
게 만드는 예술가다.

당연히 그처럼 계획적이고 성공적인 자아 수양을 통해
화자는 법열을 경험하게 된다. 여름, 아침, 이슬의 은유(아침
의 신선함을 표현) 외에 영감을 나타내는 다른 은유들도 제시
된다. 화자는 밭일을 하면서 '바로 가까이 자작나무의 맨 꼭대
기 가지에서 갈색 개똥지빠귀 ─ 또는 붉은 지빠귀라고 부르기
를 좋아하는 사람도 있다 ─ 가 아침 내내 노래를 불렀던 것',
하늘을 올려다보고 오두막을 선회하는 쏙독새를 보았던 기억
을 떠올린다. '한 쌍의 매는 마치 내 생각의 화신인 듯 서로 번
갈아가면서 높이 날아올랐다 하강하고 가까이 다가가다 멀어
지면서 하늘 높이 선회했다'는 말은 매가 주는 영감의 의미를
분명히 한다. 화자 역시 매처럼 '밭'을 경작하면서 얻는 기쁨
으로 '높이'(법열) 있는 것이다.

그 법열의 강렬함은 다음 진술에서 나타난다. "나의 괭
이가 돌에 부딪혔을 때 숲과 하늘에 메아리친 그 음악은 즉각
적이고 광대무변한 곡물을 생산하는 나의 노동에 대한 반주였
다. 내가 괭이질 한 것은 더 이상 콩이 아니었고, 콩을 괭이질

한 것도 내가 아니었다." 화자가 추수하는 '곡물'은 총체적이고 즉각적이며 무아지경인 자연과의 통합, 즉 신성인 것이다. 그가 경험하는 것은 열반과 같은 상태이고, 그는 더 이상 자연이나 정신과 별개가 아니다. 모든 것이 하나다. 그것은 더 이상 그가 괭이질 하는 콩(그와 분리된 객체)이거나 콩을 괭이질하는 '나'(콩과 분리된 실재)가 아니다. 모든 개별성은 자연과 신성의 이 신비스런 융합 속에서 사라진다.

Chapter 8

마을

: 줄거리

김을 매거나 글을 읽고 쓰면서 오전을 보낸 화자는 멱을 감고, '매일 혹은 하루 걸러' 콩코드로 산책을 나가서 최신 소식을 듣는다. 마을 소식도 "나뭇잎이 살랑거리는 소리만큼이나 나름대로 정말 상쾌하다"는 것을 알았다. 불행하게도 마을사람들은 얼마 되지 않는 소식이 어떻게 이따금씩 참신할 수 있는지 이해할 수 없었다. 마을에 가면 그는 뉴스 중독으로 감각을 잃은 사람들을 발견했고, 큰길가를 걸으면서 무료한 사람들이 최신 소식을 갈구하며 줄지어 서 있는 것을 목격했다.

화자는 특히 이처럼 소식에 굶주린 마을사람들의 강렬한 시선에 화가 나고, 심지어 물질적인 삶으로 그를 다시 끌어당기려고 하는 것 같은 광고 때문에 심란해진다. 화자는 거리로 나갈 때는 '높은 것'에 마음을 두어 이런 유혹에 저항했다.

일단 숲으로 돌아오면 화자는 '높은 것'에 대해 생각하기가 더 쉽다는 것을 알았다. 어째서 사람들이 어두운 밤에는 종종 숲에서 길을 잃는지 생각하다가 그는 초월적인 진리와 마주쳤다. "우리는 완전히 길을 잃어버리거나 한 바퀴 돌려지고 나서야—인간은 눈을 감은 채 한 바퀴 빙 돌려지기만 하면 이 세상에서 길을 잃으니까—자연의 광대함과 낯설음을 이해하게 된다." 초월은 현실에 대한 새로운 미래상과 그것에 대한 자신의 관계를 창조하는 데 달려 있다. 새로운 삶을 창조해내는 것은 마치 '길

을 잃은' 사람이 전혀 모르는 세계를 보듯이, 새로운 세계를 보는 것이 관건이다.

삶에 대해 새로운 미래상을 창조하는 데 주된 장애물은 그것을 지탱하는 주(州)와 사회다. 화자는 사회가 제안하고 주(州)의 법이 강제하는 것과는 굉장히 다른 새로운 삶, 개인적인 삶을 창조하기 위해 월든 호수로 이사 왔다. 그는 다수의 의지에 순응하고 싶지 않았지만 "어디를 가든지 사람들은 그를 쫓아다닐 것이고 더러운 제도로 거칠게 다룰 것이며, 할 수만 있다면 강제로라도 자기들의 절망적인 친목단체에 소속시키려 들 것이다." 이 점을 설명하기 위해 그는, '의사당 문 앞에서 남자, 여자, 아이들을 소 떼처럼 사고파는 주'에 인두세 납부를 거부했다가 어느 날 체포된 경위를 설명한다. 노예제는 그가 말하는 삶의 새로운 미래상의 일부가 아니며, 그것을 그 미래상의 일부로 만들려는 주의 강력한 시도에 몹시 분개한다. 사실, 정부는 어느 누구에게도 무엇을 하게 하거나 믿도록 강요해서는 안 된다. 만약 정부가 사람들을 이끌 의무가 있다고 느낀다면 좋은 본보기로서만 그렇게 해야 한다. "정치를 하는 사람들이여, 당신들이 형벌을 써야 할 필요가 어디 있는가? 덕을 사랑하면 사람들도 덕성스러워질 것이다."

소로의 유머 감각은 "방문객들"에서처럼 이 장에서도 발휘된다. "방문객들"에서 소로는 화자가 처음에는 사교를 사랑한다고 허풍을 떨었다가 얼마나 사교를 즐기지 않았는지를 보여주는 쪽으로 나아갔다. 여기서는 마을을 찾아가는 일이

상쾌하다는 말로 시작해서 실제로는 얼마나 짜증스러운지를 묘사하는 것으로 장의 나머지를 채운다. 마을사람들의 호기심 어린 눈초리를 받으며 거리를 걸어가고 있는 화자의 모습을 떠올리면서 다음 말을 곱씹어보라. "때때로 내가 갑자기 도망치면 아무도 내가 있는 곳을 알 수가 없었다."

독자는 다시 한 번 8장이 화자의 먹 감기로 시작되었음에 주목하게 될 것이다. 만약 이런 정화의 은유가 장황하다고 느껴진다면 그것은 독자에게 월든 호수가 지닌 순수성—다음 장에서 강조—의 깊은 의미를 확실히 깨닫도록 하기 위해서다. 호수는 화자의 정화된 영혼을 가리키는 은유임을 기억하라.

Chapter 9

호수들

숲으로 돌아와 고독하고 평온한 생활을 해온 화자는 시골 주변을 어슬렁어슬렁 거닐면서 계속 '상쾌해지기' 위해 대부분의 시간을 보냈다. 그는 페어헤이븐 언덕을 올랐고, 잘 익어 아주 맛좋은 월귤 열매와 블루베리를 즐겼다. 어떤 날은 김매기를 끝내고 호수를 좋아하는 낚시꾼 노인과 낚시를 하러 갔다. 날씨가 따뜻한 저녁에는 배를 띄우고 피리를 불며 물밑에서 노니는 농어들을 관찰했다. 그렇게 그는 일종의 목가적인 만족과 편안함을 즐기면서 밤과 낮을 보냈다.

이어 화자는 이 모든 행복한 활동의 중심인 월든 호수로 눈을 돌려 이것을 세세하게 묘사하고 하는 데 이 장의 대부분을 할애하고, 콩코드 지역에 있는 다른 수역(水域)—플린트 호수, 구스 호수, 화이트 호수, 페어헤이븐 만—들도 언급한다.

"호수들"은 소로의 이상적인 자아, 즉 영혼의 개념을 조명하기 위해 고안된 은유 집단이라는 것이 가장 적절한 표현이다. 그는 독자가 친숙해져야 할 상황을 제시함으로써 독자의 주의를 화자의 자아로 집중시킨다. 그것은 화자의 자아가 합쳐져야 할 두 개의 상반되는 삶의 국면에 직면하는 것을 의미한다. 화자는 그 같은 상황을 이전에 세 번 제시했다. "소리"에서는 자연의 세계와 시끄러운 기차가 나타내는 기계의 세계 사이의 갈등을 극복해야 했다. "콩밭"에서는 자연 세계와 문명 세계를 한데 모아 하나로 만들었다. "방문객들"에서는 나무꾼이란 인물을 통해 갈등을 도입했다. 9장도 갈등으로 시작되는데, 나무꾼이 자연스러운 모습 때문에 좋아할 만하지만 정신적 각성이 결여되어 이상적이지는 않다는 것을 떠올리게 된다. 삶에서 이런 두 가지 특징을 원하는 화자는 자신의 자아가 자연적이면서 정신적(초자연적)이어야 한다고 믿고, 두 개의 명백히 상반되는 자연과 정신의 세계를 자아 내부에서 대면시키고자 한다.

"호수들"의 서두에서 화자는 은유적으로 자아 내부에서 이런 통합을 이루었다고 알려준다. 밤낚시를 하는 동안 이런 통합이 일어나는 것을 느꼈다는 것이나. "특히 어두운 밤, 여러분의 생각이 떠돌다가 다른 천체들의 광대하고 우주기원론적인 주제로 옮아갔을 때 몽상을 중단시키고 다시 자연과 연결시켜주는 이런 희미한 당김을 느끼는 것은 참으로 기묘했다. 이제 나는 더 농도 짙을 것 같지 않은 아래쪽의 물속은 물론, 위쪽 허공을 향해서도 낚싯줄을 던질 수 있을 것 같았다. 이렇게 나는, 말하자면 낚싯바늘 하나로 두 마리의 고기를 잡았던 것이다." 그는 '낚싯줄'로 자연과 초자연의 세계를 연결시켰고, 자아는 그 둘을 통합했다. 두 개의 '낚싯줄'이 만나는 현장을 주목하라. 바로 통합되고 성취를 이룬 화자의 자아를 은유하는 월든 호수다. 후에 약간의 시구(詩句)로 화자는 다시 그의 완전한 자아와 월든 호수 사이의 은유적 동일성을 보여준다. "월든 호수의 돌 깔린 기슭이며 / …호수의 가장 깊은 곳은 / 내 생각 드높은 곳에 있다." 다른 점에서 자연과 초자연의 성격을 띤 그의 영혼이 '땅과 하늘 사이의 중간물'인 호수로 상징된다는 사실을 재차 강조하는 것이다.

이 같은 은유적 관계를 염두에 두고 화자의 호수 묘사를 읽는다면 많은 도움이 될 것이다. 화자는 4가지 방법으로 호수를 묘사하며, 그것을 통해 완전한 정신을 은유적으로 보여준다.

1. 월든 호수의 순수: 이 시점까지 정화(淨化)에 대한 많은 은유가 있었다. 화자는 사치스러운 음식을 삼가고 고행자 같은 식사를 선택했고, 고기와 여타 '비정신적'인 성향의 식품을 피한다. 그리고 뱀처럼 낡은 삶과 타락한 사교의 영향을 벗어버리는 것으로 스스로를 정화시켜왔다. 정신을 순수하게 하려는 시도는 먹을 감은 횟수에 의해 반복적으로 강조되었으므로 호수의 '깊이와 순수가 엄청나다'는 것은 놀랍지 않다. 그리고 그 의견을 여러 차례 반복한다. '호수는 맑고 짙은 초록색 샘

물이고,' '물은 수정처럼 순수하고,' '물은 아주 투명하고,' '바닥은 순수한 모래고,' '그것은 언제나 순수하고,' "이 호수에 사는 모든 물고기들은 강이나 다른 호수에 사는 물고기보다 훨씬 깨끗하고, 잘생겼고, 살도 단단하다."

2. 신성한 자연: 전에 우리는 어떻게 자연이 매개자가 되어 신성이 인간에게 스스로를 나타내는지 논의했다. 정신적 고결함이 이루어지면 인간의 자아가 신성하다는 견해를 말하기도 했다. 따라서 호수를 두 가지 면에서 신성의 개념을 표현하는 은유로 본다. 즉, 신의 매개자이자 자아의 신성을 표현하는 은유. 이 호수는 이 세상에 하나밖에 없는 월든 호수가 되고 천상의 이슬을 증류해내는 특허권을 하늘로부터 획득했다. 그것은 '하늘의 물,' '하나님의 물방울'이고, 신성하며, 세속적이지 않다. "페어헤이븐처럼 월든 호수도 갈매기의 날개로 더럽혀진 적이 있었는지 의심스럽다." 화자는 젊었을 때 월든을 찾아갔던 일을 회상하면서 갈매기의 날개가 호수의 신성한 성격을 바꿔놓은 일은 없었다고 결론짓는다. "그때와 똑같은 생각이 호수의 수면으로 치밀어 오르고 있다. 이 호수는 그 자체와 호수의 창조자에게 언제나 같은 액체의 기쁨이며 행복이고, 내게도 그럴지 모른다. 그것은 분명 아무런 간계를 품지 않은 용감한 사람의 작품이다. 그는 그의 손으로 호수의 물을 둥글렸고, 그의 사념(思念) 속에서 호수를 깊이 파고 맑게 했으며, 그의 의지로 호수를 콩코드에 남겼다." 화자는 호수의 은유를 통해

자신의 자아가 신성한 마음의 표현이고, 가장 고결한 사념은 신의 마음에 의해 '깊어지고 맑아진' 더 없이 신성한 것이라고 설명한다.

3. 영감에 대한 은유: '영감'이란 용어는 글자 그대로 개인의 영혼 속으로 정신이 유입되는 것을 나타내는데, 그 결과는 지성적이고 감성적인 상태가 강화된다는 것이다. 이것을 염두에 두면 영감을 받은 자아로서 호수의 묘사를 이해할 수도 있다. 그는 "넓은 수면이 허공에 있는 정신을 누설하고 위로부터 끊임없이 새로운 생명과 움직임을 받아들인다"고 의미심장하게 말한다. 영감은 전통적으로 샘물이 솟는 모습으로 묘사되어 왔다. 9장에서 몇 차례 화자는 '샘이 바닥으로부터 솟아오르는 곳'에 초점을 맞추고, 월든의 영감적인 특징을 더욱 강조하기 위해 종종 "월든은 눈에 보이는 유입구나 배수구가 없다"고 되풀이한다. 화자가 잘 알고 있듯 아무도 영감을 받아들이는 정확한 방법을 객관적으로 그려낼 수 없지만, 화자는 호수의 은유를 통해 어떻게 그 영감이 자기 속으로 들어오고 나가는지 묘사한다. 우리는 종종 화자가 강렬한 영감 상태 속에 있는 것을 보아왔다. 그러나 그의 법열은 지속적이지 않았고, 때때로 변화한다. 그래서 화자는 반복해서 호수의 깊이가 일정하지 않다고 말한다. "호수는 높아지고 낮아지기 시작했다," "호수의 수위는 높아지기도 하고 낮아지기도 한다." "월든의 성쇠" 등등.

4. 눈의 정신적인 시각 은유: 일찍이 호수를 묘사하면서 화자는 월든의 물빛을 다음과 같이 설명한다. "그것은 주를 이루는 청색이 단순히 모래의 노란색과 뒤섞인 결과일지 모른다." 호수의 홍채에 해당하는 색이라 하겠다." '홍채'라는 눈의 은유는 다음과 같은 말로 더욱 완전하게 발전한다. "그것은 땅의 눈이다. 사람은 그 눈을 들여다보면서 자신의 본성의 깊이를 잰다." 화자는 그것을 들여다본다. 우리는 그가 반복적으로 '배에서 우리의 물을 곧바로 내려다보는 것'을 접하게 된다. 화자가 들여다보는 자아는 하늘을 보고 있는 눈으로 묘사된다는 점에 주목하자. 소로가 묘사하는 자아는 가장 깊은 곳에 있는 자아, 무의식적인 자아를 들여다보는 의식 있는 마음(일종의 눈이나 통찰력)으로, 직관적으로 하나님을 알거나 '보는' 자아(다른 종류의 '눈'이자 비이성적이고 정신적인 통찰력)다. 이렇게 화자는 자기 내부의 정신적 통찰력을 알고 있다는 것을 나타내고, 자기 내부의 신성을 인지하는 능력이 있다고 주장한다. 호수를 들여다보는 화자가 이 은유적인 '눈'의 시계(視界) 내에 있다는 것을 주목하면 흥미롭지 않을 수 없다. 신성을 인식하는 그 눈이 그를 인식하고 있는 것이다. 화자의 자아가 지닌 신성한 본성을 나타내는 또 하나의 예라고 하겠다.

호수는 여러 각도에서 은유적으로 화자의 자아로 여겨진다. 그것은 원기 회복을 나타낸다. "그것은 영원히 젊다." 그것은 화자 특유의 정서적 상태를 드러낸다. '끊임없이 솟아오르는 샘, 부드럽게 고동치는 생명, 가슴을 울렁이게 하는 것.’ 그것은 아담 이전의 순수를 나타낸다. ‘아마도 아담과 이브가 쫓겨난 봄날 아침에도 월든 호수는 이미 존재했을 것’이고, ‘그 타락 소식을 듣지 못했기’ 때문에 ‘원죄’로 인해 타락하지 않고 이렇게 남아 있는 것인지도 모른다. 월든의 깊은 밑바닥을 묘사하는 화자의 말을 들으면 이전에 사람의 본성이 무한하다고 했던 그의 말이 떠오를 수 있다. 이렇게 몇 가지 은유를 통해 우리는 화자의 자아에 대해 더 많은 것을 알게 되었다.

　　‘호수’의 가장 재미난 면 가운데 하나는 계절의 은유가 은유라는 천에 짜여진 방법이다. 자연적인 계절과 화자의 정신의 계절 사이의 공통된 관계에 대해서는 이미 언급한 바 있다. ‘겨울’이 다가오면서 ‘호수’는 변화의 분위기를 보여준다. “수면은 이제 더 이상 10월의 밝은 빛깔이 아니라 주변 산들의 칙칙한 11월의 색깔을 띠고 있었다.” 나중에 우리는 〈월든〉의 겨울 장(章)들에서 이런 칙칙함이 화자의 자아에 반영된 것을 보게 된다. 여러 달이 지나면서 호수는 얼음으로 덮이고, ‘얼음 차단기’가 ‘넓은 채광창’ 위로 드리워질 것이다. 마찬가지로 화자의 자아도 ‘얼음 같이’ 되고, ‘얼음 차단기’가 ‘넓은 채광창’ 위로 드리워지며, 호수처럼 자아도 허공에 있는 정신으로부터 단절될 것이다. 그러면 화자의 법열도 줄어들겠지만 봄의 ‘해동’을 확신할 수 있기에 희망적이다. 호수는 그의 정신적 삶이 죽지 않으리라고 믿는 근거를 보여줄 것이다. “옆은 초록 풀이 한겨울에도 닻을 내리고 있다." 자연의 삶이 겨울에도 월든에서 생존하고 있으므로 화자의 초자연적이고 정신적인 삶도 자신의 '겨울'을 지나 살아남을 것이다. 기독교의 도해(圖解)에서 닻은 희망, 초록은 희망과 활력을 상징한다. 월든 호수는 화자의 자아가 지닌 여러 면을 드러내는 상징이다.

월든을 직접 묘사한 화자는 그 지역에 있는 다른 호수들로 주의를 돌린다. 당연히 어느 것도 월든과 같지 않다. 플린트 호수는 '비교적 얕고'(그것을 소유하고 있는 사람처럼), '그다지 순수하지도 않다'. 구스 호수는 넓지 않다. 화이트 호수는 "숲의 보석이고… 월든 호수의 쌍둥이 동생이다." 페어 헤이븐 만에 대해서는 말할 것이 없다. 따라서 말 그대로 호수이자 화자의 완전한 자아의 상징은 월든밖에는 없다. 화자가 알고 있는 완벽한 자아는 하나뿐이므로(자신의 자아) 그 비교는 적절하다. 그가 "숲 속의 경제학"에서 '내 자신에 대해서 나만큼 잘 아는 다른 사람들이 있다면 내 자신에 대해 그렇게 많은 말을 하지는 않았을 것'이라고 말한 것처럼. "호수들"의 거의 전부를 자신의 자아에 대한 은유에 할애한 것은 이 섬을 확인시켜준다.

Chapter 10

베이커 농장

　　화자는 풍경의 아름다움에 도취되어 자유롭게 시골을 돌아다니고 있다. 마치 꿈나라 같은 광경이다. 소나무 숲이 사원처럼 서 있고 솔송나무는 '숲 한가운데서 탑'처럼 보인다. 그는 '점점 더 키가 높이 솟아올라 발할라* 앞에 서기에도 손색이 없는' 생생하게 살아 있는 다른 나무들을 본다. 자연은 어디에서나 풍성하게 무르익은 자취들을 스스로 표현하고 있다. 찬란함에 압도된 화자는 이런 광경이 너무나 아름다워 "보는 이로 하여금 집에 갈 생각을 잊게 만들고, 사람이 맛보기에는 너무나 아름다운 이름 없는 금단의 야생열매들이 그의 눈을 부시게 하며 유혹한다."

　　자연의 아름다움에서 희열을 경험한 화자는 단조롭고 우울한 아일랜드계 이민자이자 평범한 노동자인 존 필즈의 오두막으로 간다. 존은 해가 떠서 질 때까지 일에 빠져 사는 사람이다. 그는 '정직하고 근면하며', 아내는 '언젠가 자기 처지가 나아질 것이라는 생각'으로 살고 있다. 하지만 지금은 근근이 피곤하고 지친 삶을 영위하고 있다. 화자는 그에게 자신의 '경제'에 대한 계획과 그들이 더 즐거운 삶을 살 수 있는 방도를 알려주어 도움을 주려고 한다. 하지만 "그 말을 들은 존은 한숨을 내쉬었고, 그의

---

* **발할라**(Valhalla) : 고대 게르만 민족의 최고신 '오딘'의 전당.

아내는 양손을 허리에 댄 채 뚫어지게 쳐다보았다." 존은 아일랜드에서는 얻을 수 없었던 호사를 찾아 미국으로 왔고, 화자는 존이 헤어날 수 없을지 모르는 악순환에 빠져 있다는 것을 깨닫는다. "그는 차나 커피, 버터, 우유, 쇠고기 등을 기본으로 해야 하기 때문에 그것들을 사기 위해 중노동을 해야 했고, 중노동을 하면 체내 열량 소모를 보충하기 위해 다시 열심히 먹어야 했다." 존은 사치품을 구입하기 위해 등골이 휘는 노동을 할 만한 값어치가 있다고 생각했다. 하지만 화자는 '그가 만족하지 못하고 덤으로 삶을 낭비하고 있는 것'을 슬프게 바라볼 수밖에 없다.

화자는 존에게 자아를 파괴하는 어리석음을 확인시켜주려던 것을 포기하고 자신의 행복한 삶에 대한 관심으로 돌아왔다. 그는 '붉게 물들고 있는 서쪽을 향해 언덕을 뛰어내려오면서 땅을 즐기되 소유하지는 않겠다고 결심하자' 즉시 충만해졌다. 화자는 '기껏해야 근처의 밭이나 길거리에서 무기력하게 귀가하는' 세상에 널린 존 필즈 같은 사람이 되지는 않을 것이다. 그에게 삶은 모험이고, 모험이 될 것이다. 그는 판에 박힌 삶의 따분한 생활에 감금되기를 거부한다.

10장은 화자가 '호수'를 들여다보고 발견한 것을 황홀하게 찬양하는 것으로 이루어진다. 그는 자신의 완전함에 기뻐한다. 10장의 서두에서 화자는 그의 강력한 정신적 활력을 반영한 가슴 설레고 생기 넘치는 자연 경관을 소개하고, 다음과 같이 자신의 행복을 기록한다. "한 번은 무지개의 아치와 아주 가까운 곳에 서 있던 적이 있었다. 그 무지개의 아치는 주변의 풀과 나뭇잎들을 물들이고, 마치 색깔 있는 수정을 통해 보는 것처럼 나를 황홀하게 만들면서 대기의 아래층을 채우고 있었다. 그것은 무지갯빛 호수였으며, 나는 잠시나마 그 속에서 돌고래처럼 살았다." 이 진술에서 은유는 그의 엄청난 만족을 3가지 방식으로 알려준다. 첫째, 무지개의 끝에 서 있었던 그는 황금 단지를 찾은 운 좋은 사람이었다. 둘째, 눈부신 빛이 넘쳐흐르는 것은 정신적인 계몽의 경험을 상징한다. 셋째, 그는 자신을 돌고래에 비유하는데, 이것은 영원성의 전통적 상징이다. 마지막으로 소로는 화자의 정신 상태에 대해 언급했던 것을 화자를 통해 밝힌다. "철둑길을 걸을 때 늘 내 그림자 주위에 후광이 생기는 것을 보고 신기하게 생각했으며, 내가 선택된 사람들 중 하나일지 모른다는 공상을 해보곤 했다." 그것은 익살스러운 말이지만 호수의 상징을 통해 이루어진 정신적 완전함에 대한 주장을 강화한다.

Chapter 11

보다 높은 법

어느 날 밤낚시를 하고 돌아오던 화자는 불현듯 지독하고 원시적인 수성(獸性), 즉 야생의 느낌에 압도된다. 우드척 한 마리가 그의 앞을 가로질러 지나가는 것을 보고 '야만적인 기쁨에 야릇한 전율'을 느꼈고, '그놈을 잡아 날 것으로 먹고 싶은 유혹을 강렬하게' 받았다. 이런 본능적 충동이 전에도 일어났었다. 때때로 굶주린 사냥개처럼 어떤 야생동물이라도 있으면 잡아먹으려고 묘한 무아지경의 상태로 숲을 헤매고 다닌 적이 있었던 것이다. 화자는 말 그대로 굶주린 것이 아니라 야성의 경험, 몸으로 느끼는 본능 속의 수성을 강하게 갈구했었다는 말로 다소 극단적인 이 표현을 누그러뜨린다.

거의 동시에 화자는 빈번하게 느꼈던 또 하나의 본능적인 충동을 말해 준다. "나는 내 자신 속에서 보다 높은, 대부분의 사람들처럼 소위 정신적인 삶을 추구하는 또 하나의 본능을 발견했고, 여전히 발견하고 있다." 그는 이렇게 그의 성격을 지배하는 두 개의 본능적 충동을 모두 존중한다. "나는 야성을 선(善) 못지않게 좋아한다." 이것이 사실이긴 하지만, 어떻게 그의 본능적인 수성이 영성을 향한 성향보다 열등하고 영성과 갈등하게 되는지를 설명하는 것으로 이 장의 나머지 부분을 채운다.

화자는 월든 호수에 있는 동안 자신의 음식물 문제에 초점을 맞춰 이 문제를 설명한다. 그는 점차 자신의 정신 능력을 개발하면서 금욕적이고 보다 정신적인 양식을 식단으로 채택했다. 이것은 자기정화 과정의 일부였다. 왜냐하면 육식이 '본질적으로 불결해' 보였기 때문에 사실상 사냥과 낚시를 그만두었지만 살코기를 향한 수성이 여전히 크게 자리를 차지하고 있음을 깨달았다. "만약 내가 황야에서 살게 된다면 다시 본격적으로 어부와 사냥꾼이 되는 유혹을 받을 것이다." 그의 동물적 본능은 통제되고 줄어들 수 있겠지만 근절될 수는 없다.

그러나 화자는 그와 다른 모든 사람들이 시간이 지나면 점차적으로 더 정신적이고 덜 동물적인 상태로 진화할 것이라고 믿는다. "나는 내 취향이 어떻든 간에 인류가 점점 발전함에 따라 결국은 육식의 습관을 버리게 되는 것이 인류의 운명임을 조금도 의심하지 않는다." 이 점을 구체적으로 설명하기 위해 그는 젊은 시절 한때 사냥을 하면서 얼마나 기뻐했었는지 말해 준다. 사실, 그는 여전히 사냥이 젊은이들에게 매우 가치 있는 활동이라고 믿는다. 왜냐하면 그들을 자연과 가까이 할 수 있도록 해주기 때문이다. 이 같은 자연과의 접촉을 통해 화자는 점차적으로 동물 사냥을 그만두었고, 더 높고 정신적인 '사냥감'을 쫓기 시작했다. 그는 이러한 관심의 변화를 인간의 성장과정에서 자연스러운 것으로 보고, 아들에게 그런 성장을 부추기라고 부모들에게 충고한다. "아이들을 사냥꾼으로 키워라. 처음에는 재미 삼아서만 하더라도 가능하다면 힘센 사냥꾼으로 키워 이곳이나 그 어떤 단소로운 황야에서노 그들이 벅차하는 사냥감을 찾시 못하도록 하라." 그들은 어느 날 우드척이나 토끼 대신 정신적인 진리, 더 높은 법을 구할 것이다. 수성이 줄어들면 화자처럼 정신적 순수성이 강해지면서 완전해질 것이다.

"본성은 극복하기 어렵지만 극복되어야 한다." 이 말과 사실상 11장은, 나무꾼의 수성을 축복했던 것과 자신의 자아 속에서 자연과 정신을 통합했다는 화자의 행복한 주장("호수들"의 서두)을 기억하는 세심한 독자들에게는 놀라울 것이다. 갑자기 화자는 11장에서 정신과 자연의 세계가 다투는, 영성과 수성의 상반성과 자연에 대한 정신의 우월성을 단언하고 있다. 간단히 말해 화자의 자아는 변증법적 상황에 직면하고 있다. 이것은 분명 삶에 대한 그의 미래상이 통합 상태로 남아 있으면 해소될 것이다. 정신이 자연보다 더 높지만, 화자는 자연과의 절대적인 관계를 포기하지 않을 것이기 때문에 어떻게 든 정신적인 본능과 동물적 본능 사이의 명백한 대립을 조정해야 한다.

에머슨이나 다른 초월주의자들과 마찬가지로 소로에게 자연은 절대적인 진리를 드러낸다. 그러므로 우리는 화자가 자신의 문제에 대한 답을 구하기 위해 자연 현상에 의지하는 것을 보게 된다. 자연은 인간 내부에 있는 수성이 정신적인 완전함과 대립된다는 화자의 믿음을 즉시 확인시켜준다. 그는 이것을 나비의 생애를 통해서 알게 된다. 한 생물로서 완전한 성취를 이룬 상태에 있는 나비는 거의 먹지 않는 데 반해 불완전한 상태인 애벌레는 먹을 것을 찾으면 닥치는 대로 먹어치운다. 여기에서 화자는 인간에 대한 진리를 '추려낸다'. '대식가는 유충 상태의 사람'인 반면, 금욕적인 사람은 '나비', 즉 완벽한 상태에 있는 것이다.

화자가 수성과 영성 사이의 갈등을 해결하지 못했다는 점에 유의하자. 그는 특별한 자연 현상을 살펴봄으로써 "최고 상태로 더 고결하고 시적인 능력을 보존하기 위해 진지하게 노력했던 사람이라면 특히 동물성 식품을 삼가는 경향이 있었다"는 확신만 굳어졌다. 그러나 화자는 나비를 좀더 자세히 고찰하면서 자신의 고민에 대한 열쇠를 찾은 것 같다. "나비의 날개 밑에 있는 배는 여전히 유충임을 드러낸다." 나비의 완전한 몸에는 더 낮은 상태의 삶과 더 높은 상태의 삶이 통합되어 있다. 어쩌면 화자가 할 수 있을 만한 것도 여기에 있다. 동물적 본능이 정신적 본능과 갈등을 일으키지 않게 되는 수준까지 자신의 저급한 동물적 본성을 완전하게 할 수 있을지도 모른다. '우리 모두가 조각가이고 화가이며, 재료는 우리 자신의 살과 피, 뼈'이므로, 몸을 내면의 정신적 자아가 들어가기 알맞은 '사원'으로 만들 수도 있지 않을까. 성신적 자아가 완전해질 때 그 '사원'은 궁극적으로 내부로부터 다듬어질 것이고, 육체적으로는 완전함을 보여주게 될 것이다.

Chapter 12

짐승 이웃들

12장은 은둔자(화자를 나타내는 것 같음)와 시인 사이의 극적인 대화로 시작한다. 은둔자는 혼자 앉아서 친숙한 문제에 대해 명상을 한다. "왜 사람들은 그렇게 걱정을 하는가? 먹지 않는 사람은 일할 필요가 없다." 시인이 다가와 '시인의 진정한 업'인 낚시를 하러 가고 싶은지 묻는다. 은둔자는 그 제안을 심각하게 고려한다. 명상을 계속해야 할 것인가, 아니면 친구와 낚시를 해야 할 것인가? "천국을 갈까, 낚시를 갈까?" 결국 낚시를 하기로 결정하고 깊은 사념은 다른 때로 미룬 채 시인과 함께 길을 나선다.

이 대화가 끝나자 화자는 다양한 동물들, 월든 호수에서 그와 조화롭게 사는 '짐승 이웃들'을 묘사한다. 화자의 소매로 올라와 빵부스러기를 게걸스레 먹어대는 친근한 생쥐. 딱새는 선반에 둥지를 틀었고, 개똥지빠귀는 오두막 옆에 있는 소나무에 거주했다. 들꿩들은 창문 아래서 줄지어 지나가고 창문 너머 숲은 동물의 움직임으로 분주하다. 화자는 우리에게 수달과 너구리, 우드척, 멧비둘기, 참새, 어치 등 다른 동물들에 대해서도 생생하게 묘사한다. 그런 환경에서 생활하는 화자는 장작더미 근처에서 검은 개미와 붉은 개미가 벌이는 전투를 관찰하고 세세하게 묘사할 수 있을 만큼 자연 현상을 파악하는 능력이 발달했다. 그동안 화자의 상상력이 펼쳐져 개미의 전투는 '적 공화주의자들'과 '흑 제국주의자들' 사이의 영웅적인 전쟁으로 바뀌고, 그는 인간에 대해 또 하나의 진리를 추려냈다. 인간들의 전투보다 더 의미 있지도, 덜 의미 있지도 않은 개미의 전쟁이라는 것이다.

화자가 월든 호수에서 눈여겨보던 수영하는 되강오리는 특히 흥미롭다. 그는 되강오리를 관찰하고, 되강오리의 야생적인 웃음소리를 듣느라 많은 시간을 보냈으며, 가끔 그것을 잡아보려고 지칠 정도로 노를 젓기도 했다. 가을에 호수 위를 빙글빙글 돌던 오리들 또한 몇 시간을 관찰할 만한 볼거리를 제공했다.

'보다 높은 법'의 끝에서 화자는 수성과 영성 사이의 갈등을 해결했던 것 같았다. 그러나 12장 처음의 대화 내용은 그가 여전히 그것 때문에 힘겨워하고 있음을 나타낸다. 은둔자와 시인은 화자의 두 본능적 측면을 나타낸다. 은둔자가 시인의 제안에 따라 낚시(동물적인 활동)를 가려면, 사물의 본질에 융화될 정도라는 사실에도 불구하고 보다 높은 사색을 포기해야 한다는 점에 주목하자. 이 대화를 통해 소로는 정신적 자각과 동물적인 활동이 양립할 수 없다는 점을 다시 설명하고 있다. 화자는 낚시라는 동물적 본능을 따르려면 분명 정신적인 활동에서 손을 떼어야 한다. 양자택일을 해야 하는 것이다. 동물적 본능과 정신적 본능을 동시에 따를 수는 없다.

여전히 두 개의 본능을 통합하는 것에 관심이 많은 화자는 해결책을 찾아 다시 자연에 의존해 답을 구하고, 그것을 찾는다. 그는 들꿩, '날개 달린 고양이', 되강오리가 영성과 수성의 통합을 보여주는 자연의 상징으로 보고 있다. 들꿩은 어떻게 수성이 영성을 보완할 정도로 완벽해질 수 있는지의 예를 제시한다. 들꿩에게서 화자가 발견한 "이 본능(수성)은 너무도 완전하다." 그리고 완전해진 영성의 조짐도 발견한다. 우리는 새의 눈에 초점을 맞춘 화자의 묘사를 읽으면서 정신적 완전함에 대한 또 다른 상징인 '대지의 눈' 월든 호수의 묘사를 떠올려야 한다. "모든 것을 아는 지성이 눈에 비치는 것 같다. 그 눈은 유아기의 순수성뿐 아니라 경험에 의해 명료화된 지혜를 담고 있다. 그런 눈은 새가 태어났을 때 생겨난 것이 아니라 새의 눈에 비치는 하늘과 동시대의 것이다. 숲에서는 그런 보석이 다시 나오지 않는다. 여행자가 그처럼 맑은 샘물을 들여다볼 기회는 흔치 않다." '날개 달린 고양이'도 화자에게 비슷한 진리를 보여준다. 월든 호수를 어슬렁거리는 그 녀석은 털이 너무 많아 날개가 달린 듯한 모습이다. 그렇게 야생의 동물로 있는 한 녀석은 영성을 의미한다. '날개'가 정신적인 완전함을 가리키기 때문이다. ("콩밭"의 매도 또 하나의 예.)

되강오리에게서도 수성과 영성의 통합이 목격된다. 월든 호수의 되강오리는 분명 야생인데, 단순한 야생 이상이라는 것이 화자의 언어 선택에서 드러난다. 그는 되강오리의 울음소리를 '섬뜩한 웃음', '길게 잡아 늘인 괴상한 울부짖음', '악마 같은 웃음소리'라고 묘사한다. 다음 장면은 특히 되강오리에 대한 화자의 인식을 나타낸다. "길게 잡아 늘인 괴상한 울부짖음은 마치 도와달라고 되강오리 신을 부르는 듯했다. 그러면 즉시 동쪽에서 바람이 불어와 수면에 잔물결을 일렁이게 하고 사방을 안개비로 채웠다… 나는 되강오리의 기도가 이루어져 되강오리 신이 내게 화를 내는 듯한 생각이 들어 되강오리가 거칠어진 수면 위로 멀리 사라지도록 내버려두었다."

위의 세 상징을 통해 자연은 화자에게 수성과 영성이 갈등상태에 있을 필요가 없다는 것을 보여준다. 그러나 화자는 자연 속에서는 이것을 보면서도 여전히 자신의 내면에 있는 갈등은 해결하지 못하는 것 같다. 그 모습은 되강오리―화자의 이상적이고 완전한 자아의 상징―를 잡으려다 실패한 것에서 극적으로 표현된다. 되강오리의 상징적 의미는 소로가 정화와 소생에 관련해서 묘사했을 때 나타났던 것이었다. "가을이 되자 되강오리는 여느 해와 마찬가지로 털갈이도 하고 먹도 감으러 월든 호수로 왔다." 그 상징성은 되강오리가 동물과 정신의 통합의 표시가 되었을 때 더욱 발전하면서, 화자가 자신의 인격 속에 갖추었으면 하는 이상적 특징을 나타낸다. 그가 되강오리를 '잡지' 못한 것은 그런 특징을 발달시키지 못했다는 것을 의미한다.

위의 내용을 고려해 보면 화자가 "호수들"와 "베이커

농장"에서 자신의 완전함을 주장한 것은 다소 시기상조였던 셈이다. 이것이 화자가 두 번째로 변증법적 상황을 해결하지 못한 경우다. 앞서 그는 자연과 (기관차가 의미하는) 기계의 세계를 통합하지 못했고, 지금은 내면에 있는 두 개의 강한 본능을 통합할 수 없다. 독자는 화자가 자신의 첫 번째 실패를 잊어버린 것 같고, 두 번째 실패도 잊으리라는 점에 주목해야 한다. 이 두 번의 실패는 화자가 봄의 소생과 자신의 잇따른 정신의 소생을 알리며 몹시 황홀한 기분에 휩싸이는 〈월든〉의 끝에 가면 무시될 것이다.

Chapter 13
집에 불 때기

　　10월이 되자 화자는 월동 준비를 시작했다. 그는 눈부신 가을 단풍에 감탄하면서 포도를 따 모았고 반 부셸[*]의 밤을 모았으며, 잼을 만들기 위해 야생 사과를 얼마 가량 들여놓았다. 점차 날씨가 추워지면서 말벌들이 겨울을 나려고 오두막으로 몰려들기 시작하자 그는 난로의 따뜻함이 있는 실내로 들어가기로 했다.

　　그는 집에서 '가장 중요한 부분'인 굴뚝을 어떻게 만들었는지 장황하게 묘사한다. 늘상 그렇듯이 그 일도 몹시 즐거움을 주었다. 그는 중고 벽돌을 깨끗이 다듬고, 월든 호수에서 가져온 모래와 회를 반죽했다. 그는 벽돌을 쌓고 흙을 바르는 일이 즐거웠다. 겨우내 난롯불은 친구 같았다. 벽에 회반죽 바르기가 끝나자 오두막은 그가 은거할 수 있는 안락한 '껍데기'가 되었다.

　　화자가 오두막을 완성하는 동안 호수는 얼기 시작헀다. 치음 얼음이 얼자 반가운 나머지 유리 같은 얼음을 통해 호수의 바닥을 연구하고, 모래에 난 고랑들, 소금쟁이의 사례, 그리고 다른 재미난 대상들을 관찰하느라 몇 시간을 보냈다. 그러나 '가장 흥미로운 대상'은 얼음 자체였다.

---

[*]　**부셸**(bushel)：용량의 단위. 약 35리터.

얼음 바로 밑에 물방울이 형성한 모양 때문이었다. 그 모양들을 보면서 얻은 기쁨을 다음 글에서 발견할 수 있을지 모르겠다. "공기 방울들은 이제 더 이상 위아래로 줄줄이 연결된 모습이 아니라 흔히 자루에서 쏟아진 은화처럼 포개져 있었다."

　　호수의 아름다움과 오두막의 안락함에 대해 말했던 화자는 이렇게 월든 호수에서 보낸 겨울 이야기를 시작한다.

　　13장을 읽고는 화자의 삶에 위기의 시초가 나타난다는 짐작은 하지 않을 것이다. 소위 겨울 장인 다음 세 개의 장을 읽은 후에야 "집에 불 때기"가 화자의 정신적 시련을 소개한다는 것을 알 수 있다. 지금까지 우리는 자연의 소생과 결실의 계절이면서 화자의 정신적 소생과 성숙의 계절인 봄과 여름을 행복하게 나는 것을 보아왔다. 자연의 영향에 영감을 얻은 화자는 다시 새로워지고 활력을 얻었다. 이제, 자연의 비활동적인 계절이 빠르게 다가오면서 자연의 자극이 화자의 경험에서 제거되고 있다. 그는 정신을 계속 고양시키는 외부 자극 없이 정신의 생존을 오로지 자기에게만 의존해야 했다. 그는 내면으로 관심을 돌려 — 은유적으로 실내로 들어갈 준비를 하는 것 — 영혼 안에 '준비해 두었던' 힘으로 정신을 살려두어야 했다. 가을이 겨울로 바뀜에 따라 '나무 하나하나의 특징이 나타났고', 마찬가지로 화자의 진정한 품성도 '나타나' 그 정신적인 힘이 시험받을 것이다. '본격적으로 겨울에 접어들면서' 화자는 정신적인 삶을 유지하고자 준비했다. "나는 나의 껍질 속으로 더욱 깊숙이 물러나 집 안과 나의 가슴속 모두에 밝은 불을 지피려고 애썼다."

그의 가슴속에 있는 불은 영감의 전통적 상징이며, 화자는 이 상징을 이용해서 독자에게 벽난로와 겨울을 나기 위해 지은 굴뚝의 정신적인 의미를 깨닫도록 자극한다. 벽난로가 오두막 안에서 불을 보존하기 위해 필요한 것처럼 정신적으로 강한 자아는 영감의 불을 유지하기 위해 필요하다. 따라서 화자는 굴뚝 만드는 일을 통해 '불'을 품을 수 있는 정신적으로 강한 영혼을 만들기 위한 마지막 시도를 은유적으로 묘사하고 있다. 이것을 염두에 두면 굴뚝에 대한 각별한 묘사가 지닌 은유적 중요성을 알 수 있다. 화자의 영혼처럼 "굴뚝은 어느 정도 독립적인 구조물로서, 땅을 기반으로 서서 집을 통해 하늘로 올라가고, 심지어는 집이 다 타버린 후에도 여전히 서 있다." 이렇게 소로는 집과 굴뚝을 화자의 몸과 정신으로 연결 짓는다. 정신을 강화하려는 화자의 마지막 시도는 굴뚝에 쓸 벽돌들을 갈고 씻어 '깨끗하게 하는' 것으로 다시 나타나고, 더욱이 난로 만드는 이야기를 하면서 정신적 소생을 가리키는 전문용어를 사용하는 것은 우연이 아니다. "나는 새 난로에 세례를 주기 위해 얼마나 여러 통의 물이 드는지… 알고는 놀랐다." 화자가 그 과정을 묘사하기 위해 거의 같은 말을 사용하면서 자신의 자아에 '세례를 주는 것'을 얼마나 많이 보아왔던가?

다음 세 개 장에서는 화자가 정신의 '겨울'에 살아남을 수 있도록 영혼을 얼마나 성공적으로 강화했는지 보게 될 것이다.

Chapter 14
전에 살던 사람들과 겨울 손님들

14장은 화자가 한겨울에 행복한 마음의 여름 상태를 유지하려고 하는 것으로 시작된다. 그는 쾌활하게 "몇 번이나 눈보라가 쳤지만 즐겁게 견뎠으며, 벽난로 옆에서 추운 겨울밤을 쾌적하게 보냈다." 이렇게 상황에 순응하면서 지내지만 머지않아 화자에게서 우울한 말을 듣게 된다. 모든 자연이 고요히 침묵하고, '올빼미의 울음소리마저 조용해지면서' 간접적으로 아무런 자연의 자극을 받지 못했다는 것이다. 따라서 눈이 많이 쌓이고, 찾아오는 친구들이 뜸해진 고독한 상황 속에서 그는 마음을 활동적으로 유지하기 위해 기억과 역사를 참고해서 '이 숲의 이전 거주자들을 마법으로 불러내' 그들을 묘사한다.

그는 이전에 세 명의 노예들이 거주했던 곳을 자세히 열거한다. 그 중 한 명은 카토 잉그램. 그의 월든 땅은 결국 더 젊고 더 하얀 투기꾼에게 넘어갔다. 그리고 또 한 명, 질파는 린넨을 짜는 노피로, 그녀의 노래소리는 숲 속에 쩌렁쩌렁 울려 퍼졌다. 마지막으로, 브리스터 프리맨, 그의 부인 펜다는 '상냥하게' 점을 쳐주었다. 폐허가 된 스트래튼 일가의 농장과 개구쟁이들 때문에 얼마 전에 불타 무너진 브리드의 집도 있다. 화자는 브리드 가족 중 한 사람이 그 집터를 보여주었던 기억을 떠올린다. 그 사람은 특히 우물이 완전히 못 쓰게 되지 않고 그냥 덮여 있어 언젠가 다시 살려낼 수 있다는 것을 알고 기뻐했다.

화자는 휴 코일의 집터에 남아 있는 것들을 생각하면서 다시 덮여진 우물에 초점을 맞춘다. '한때 샘이 흘러나오던 자리'가 '마르고 무정한 풀밭'이 된 모습을 보니 우울하다. 슬퍼진 화자는 위안을 찾기 위해 잠을 청하며 회상을 멈춘다.

거의 찾아오는 손님이 없었기 때문에 화자는 겨울 풍경을 가로질러 걸어가면서 눈 덮인 나무와 우연히 마주치는 동물을 관찰하며 많은 시간을 보냈다. 한 번은 죽은 소나무 가지에 앉아서 졸고 있는 올빼미를 보았다. 올빼미는 다른 자연만큼이나 움직임이 없어 보였지만 아주 가까이 다가가자 그 모습이 속임수라는 것을 알았다. "올빼미는 몸을 날려 소나무들 사이로 날아올랐다. 생각지도 못할 만큼 활짝 날개를 편 채로." 좀더 멀리 산책을 가던 화자는 한겨울에도 자연의 계속되는 활기를 보여주는 또 다른 조짐을 발견했다.

산책을 마치고 오두막으로 돌아오면 이따금씩 친구들이 그를 기다리고 있었다. 언젠가는 학자 기질이 있는 농부가 찾아와 함께 '추워서 정신이 번쩍 드는 날씨에 사람들이 큰불을 피워놓고 맑은 정신으로 둘러앉아 있던 시절'을 회상했다. 또한 어떤 시인은 그 작은 집을 '떠들썩한 웃음소리로 쩡쩡 울리게도 하고 장시간의 진지한 이야기로 집 안을 가득 채우기'도 했다. 위대하고 이상적인 철학자도 찾아왔다. 그의 성품은 마모되고 기울어진 기념비에 불과한 인간의 몸에 새겨진 하나님의 모습을 똑똑히 보이게 만들었다. 화자는 그 철학자와 대화를 나누면서 영감을 얻었고, 고양된 정신적 각성을 느꼈다.

14장에서 화자는 정신적 자극을 주는 세 가지 가능성 있는 근원들을 참조한다. 그 첫 번째인 역사는 자극적이지 못하고 심지어 기를 꺾는 것으로 입증되자 포기하고, 이렇게 선언했다. "애석하게도, 이런 인간 거주자들의 기억은 정말이지 자연경관의 아름다움을 증진시키지 못하는구나!" 14장의 첫 부분에서 두 번이나 나타나는 상징 — 브리드의 집터와 고일의 집터에 있는 덮여진 우물 — 에 주목하자. "호수들"에서 언급했듯 샘이나 우물은 영감을 나타내는 상징이다. 이 우물들이 위가 덮였다거나 더 이상 흐르지 않는다는 것은 화자의 영감도 이 정신적인 '겨울'에 멈췄다는 것을 암시한다. 그러나 우물들이 덮여 있을 뿐 못쓰게 된 것이 아니란 사실은 다시 한 번 영감의 '우물'을 덮은 잡초를 거둬내고 물꼬를 틀 수도 있다는 화자의 희망을 의미한다.

화자는 두 번째 가능성 있는 자극의 원천인 자연에서는 정신적 생명은 죽지 않으리란 희망에 대한 확신을 찾고 있다. 그는 올빼미를 보자, 자신의 정신적 마비를 반영하는 자연의 마비 증상을 관찰했다. 하지만 느닷없는 올빼미의 비상은 화자에게 죽은 듯한 자연의 외관 밑에는 여전히 생명력이 있다는 것을 보여주었다. 자연은 단지 겨울이지 죽지는 않았다. 올빼미를 지켜보고 또 겨울 늪에서 여전히 자라는 앉은부채를 발견한 화자는 단순히 심리적 '겨울'을 겪고 있다고 해서 정신적으로 죽을 필요는 없다는 것을 자연으로부터 배웠다. 이런 깨달음으로 법열을 얻지는 못했지만 정신적 소생에 대한 희망을 갖게 되었다. 늪에 있는 '아주 대담한 새'처럼 그는 희망을 품고 봄이 오기를 기다렸다.

"고독", "손님들", "마을"과 같은 장들을 읽은 독자는 얄궂게도 마지막 가능성 있는 자극의 원천인 인간 친구가 가장 활력을 준다는 것을 알게 된다. 철학자는 화자에게 하늘과 땅이 만나게 해주었고, 화자의 정신의 '겨울'에 무아경의 일체감을 생기게 했다.

Chapter 15
겨울의 동물들

그 지역에 있는 모든 호수들이 완전히 얼어붙자 화자는 시골을 돌아다닐 수 있는 새로운 지름길을 발견했다. 가장 중요한 점은 플린트 호수 같은 곳의 한가운데 서서 독특한 시각으로 경치를 면밀히 살필 수 있었다는 것이다. 그렇게 '눈 덮인 평원'에서 화자는 시골의 새로운 모습을 상상하며 즐길 수 있었다. 그러나 한순간의 즐거움이 지나자 화자의 목소리는 다시 침울해진다. 그는 겨울밤에 고독하고 구성진 올빼미의 울음소리가 '아득히 멀리서' 울린다고 말한다. 그 외로운 울음소리가 어느 날 밤에는 호수 위를 선회하는 기러기들의 울음소리 때문에 중단되곤 한다. "그것은 내가 여태껏 들어보지 못한 가장 섬뜩한 부조화 가운데 하나였다."

화자는 눈이 내린 숲으로 이동한 많은 야생 동물에게로 독자의 주의를 돌린다. 밤이 되면 그는 거죽이 두껍게 언 눈 위를 걸어 다니는 여우의 발소리를 듣곤 한다. 붉은 다람쥐들은 화자의 지붕 위를 제빨리 달려가고, 어치는 나무 꼭대기에서 소리를 질러댔다. 박새들은 오두막 문 앞에 놓인 부스러기들을 쪼아 먹었다. 사냥개들은 여우를 뒤쫓느라 이 산 저 산을 누비고 다니면서 짖어댔다.

어느 날은 가엾은 상태에 놓인 산토끼를 만났다. 화자는 자연 속에서 그렇게 비참한 광경을 접하자 우울해졌지만 그때 뜻하지 않은 반가운 일이 일어났다. "내가 한 걸음 나아가자 산토끼는 용수철처럼 튀어 몸을 최

대한 쭉 뻗어 우아한 자태로 얼어붙은 눈더미를 넘어 잽싸게 달려갔고, 이내 나와 그것 자체—자신의 힘과 자연의 품위를 드러내는 야생의 자유로운 고기—사이에는 숲이 놓여 있었다."

화자의 우울한 상태가 "소리"에서 올빼미의 고독한 울음소리에 의해 순간적으로 일어났던 것처럼 다시 한 번 드러난다. 그러나 우울함을 극복하기 위해 노력하고 있다는 점에 주목하라. 이것은 올빼미들이 청승맞은 소리로 노래하는 동시에 선회하고 있는 기러기들이 행복한 곡조(날아다니는 새들은 정신적인 고양을 의미한다는 것을 상기하라.)로 응답할 때 나타난다. 자아의 상징인 월든 호수의 묘사에서 나타나듯 화자는 자기 마음의 겨울 상태에 항복하는 것이 아니라 염려하면서 잠을 이루지 못한다. "나는… 호수의 얼음이 우는 소리를 들었다… 얼음이 잠자리에서 편히 잠들지 못하고 부득이 뒤척이는 것은 속에 가스가 찼거나 나쁜 꿈이라도 꾸어 고생하는 모양이었다." 그가 정신적으로 '저조'하다는 것은 나머지 부분에서 볼 수 있는데 거기에는 하늘과 땅의 만남도 없고 자연과 신성의 신비스런 결합도 없다. 간단히 말해 봄과 여름장의 특징을 이룬 아무런 만족의 기미가 없다. 단 한 번 진정으로 낙관적인 견해가 피력되었을 뿐이다. 바로 '수종에 걸린'

토끼가 갑자기 죽은 듯한 모습 속에서 생존하는 자연의 지속적인 힘을 갑자기 거듭 보여줄 때다. 전 장에서 졸고 있는 올빼미의 경우와 마찬가지로 화자는 자연에서 다시 심리적인 '겨울' 동안에도 정신적으로는 죽지 않는다는 것을 배운다.

Chapter 16

겨울 호수

어느 겨울 아침, 화자는 수면 장애로 인해 다소 혼란스러운 상태로 깨어났다. "내게 어떤 질문이 던져졌다는 막연한 느낌을 갖고 잠을 깼는데, 잠 속에서는 무엇이-어떻게-언제-어디서와 같은 질문에 대답하려고 애썼지만 헛수고였다." 긴 겨울이었다. 그는 정신적 삶에 대해 걱정하며 혼란스러워했다. 그 날 아침 창밖을 내다보던 그는 모든 걱정과 질문에 대한 답을 재발견했다. "모든 생물의 보금자리인 대자연이 동트고 있었으며, 조용하고 만족스러운 얼굴로 내 너른 창문을 들여다보고 있었다. 자연, 그녀의 입술에는 아무런 질문도 나타나 있지 않았다. 잠에서 깨고 보니 질문은 이미 해답을 구한 상태로 자연과 햇빛과 더불어 나를 맞았다." 그는 "앞으로 나아가라!"는 자연의 무언의 명령을 따랐고, 의기소침해진 겨울의 정신 상태에서 벗어나기 시작했다. 새로운 활력감에 고취된 그는 물통을 가지고 호수로 가 얼음과 눈 밑에 있는 물을 찾으면서 활기차게 아침 일을 시작했다.

그는 얼음에 구멍을 뚫고 물을 길으면서 '얼음 창'을 통해 아래 깊은 곳을 즐겨 들여다보았다. 그리고는 이내 얼음 밑에서 움직이는 생명을 흘끗 보고는 너무 기뻐서 소리쳤다. "아, 월든의 창꼬치!… 나는 그것들이 마치 전설에나 나오는 고기인 양 항상 그 진귀한 아름다움에 놀란다… 그 고기들은 너무도 현란한 초월적인 아름다움을 지니고 있다."

화자는 1846년 늦겨울, 얼음이 깨지기 전에 호수의 깊이를 재고 바닥 지형을 측량하여 도표로 만들었고, 이전에는 '바닥이 없는' 것으로 생각되었던 월든의 깊이가 107피트라는 것을 알아냈다. 그리고 이 사실을 자신의 정신적 관심과 연결 지어 "이토록 면적이 작은 곳 치고는 놀라운 깊이'지만 상상력으로 1인치라도 줄어들어서는 안 된다. 모든 호수의 깊이가 얕다면 어떻게 하겠는가? 그것이 사람들의 마음에 반응하지 않을까? 나는 이 호수가 깊고 순수하게 이루어져 하나의 상징이 되어주고 있는 것이 감사하다."

1월의 어느 날 화자는 호수를 내다보다 백 명의 아일랜드 인부들과 양키 감독관 패거리들이 따뜻한 날씨와 남부 기후에서 팔아먹으려고 월든의 얼음을 잘라내는 것을 보았다. 처음에는 그들이 월든의 '피부'를 훔쳐간다는 생각에 흥분했지만, 찰스턴, 뉴올리언스, 봄베이, 캘커타에 사는 땀투성이의 사람들이 월든의 '우물'을 마신다고 생각하자 기뻐졌다. 선행이 분명하다. 그들이 그가 가진 월든으로부터 대단한 가치를 끌어낼 수 있기를 바란다.

16장의 결론을 지으면서 화자는 아침에 "바그바드 기타[*]의 거대한 우주기원론적 철학에 자신의 지성을 목욕시키곤 한다"고 말한다. 이것을 통해 그는 상상적인 경외에 빠져들고, 마치 자신이 동서양의 사상과 문화를 월든 호숫가에다 통합시켜놓은 양 느끼곤 한다. 그리하여 "순수한 월든 호수의 물은 신성한 갠지스 강물과 섞였다."

---

[*] **바그바드 기타**(Vhagvad Geeta)∶ 인도 철학 경전. 권위의 속성을 지니지 않고 대중의 믿음과 함께 대중이 형이상학에 접근토록 하는 데 기여함.

　　16장을 읽을 때 화자가 얼마나 활기차졌는지 즉시 알게 된다. "전에 살던 거주자들과 겨울 손님들" 그리고 "겨울 동물들"에서 독자는 그가 정신적인 자극의 근원을 찾느라 열심히 노력하는 것을 보았다. 16장이 시작되면서 원정은 끝난 것 같다. 그는 다시 한 번 '조용하고 만족스런 자연의 얼굴'로부터 영감을 얻는다. 그가 새로운 영감을 받고 맨 처음 했던 행동은 호수(자아의 상징)로 가서 얼음을 잘라낸 것이다.(자신의 겨울의 심리 상태를 '뚫는다'.) 호수의 깊이를 조사하면서 정신의 내부를 은유적으로 들여다보는 그는 비길 데 없는 아름다움의 세계에 기뻐한다. 있는 그대로의 호수에서 보는 것은 '초월적 아름다움'을 지닌 창꼬치고기다. 이 창꼬치는 화자가 초월적 아름다움을 발견하는 자신의 사념을 의미한다.

　　월든 호수의 깊이와 어째서 월든이 '깊은' 상징 같은지를 논하는 화자의 말은 그의 상상력이 다시 녹아서 활동적이 되었다는 것을 가리킨다. 월든 호수의 얼음이 배에 실려 남부로 운반되는 것과 갠지스 강물이 월든의 물과 섞이는 것에 대해 그가 내리는 결론은 그의 상상력이 자극받았다는 것을 나타낸다. 여기서는 은유적으로 다른 나라 사람들과의 일체감, 다른 문화 및 철학과의 일체감, 지난 세기의 사람들과 사고와의 일체감을 묘사한다. 과거와 현재를 아우르는 지상의 모든 것들과 통합되는 감정을 말하는 것이다.

　　그러나 겨울은 여전히 화자를 떠나지 않았고, 그는 완전히 '깨지' 않은 상태다. 월든이 여전히 그 눈꺼풀을 감고 있다는 말은 그의 영혼이 완전한 정신적 미래상을 회복하지 못했다는 것이다. 글자 그대로, 또 상징적인 의미로도 봄은 아직 오지 않았다. 화자는 봄이 오기를 기대하고 갈망한다. "30일만 더 있으면 아마 나는 바로 이 창문에서 순수한 바다처럼 푸른 월든 호수를 바라보게 될 것이다."

Chapter 17

봄

월든 호수의 얼음이 깨지는 소리가 들리면서 마침내 겨울이 가고 봄이 왔다. 화자는 정신적 '해빙'과 새로운 활력이 솟는 것을 느꼈고, 이 감정을 호수의 해빙으로 묘사했다. "호수는 스스로 기지개를 켜고 점차적으로 늘어나는 소음에 잠이 깨는 사람처럼 하품을 했다." 며칠 안 되어 호수의 해빙은 끝이 났고, 이내 호수를 둘러싸고 있는 모든 자연이 해마다 반복되는 소생의 조짐을 보여주기 시작했다. 당연히 자연의 새로운 활력의 조짐들을 목격한 화자의 법열은 정도를 더해갔다.

특히 화자의 상상을 자극했던 자연의 해빙현상 하나가 호수의 한 면을 따라 이어지는 철로의 둑에서 일어났다. 그는 용암처럼 녹아 둑 아래로 흘러내리는 모래와 점토가 여러 가지 모양을 만드는 것을 보자, 마치 유기적인 생명체가 무생물의 죽은 물질에서 창조되는 것처럼 자연이 자신의 새 생명을 눈에 보이도록 표현하는 것 같았다. 따라서 그는 세상이 다시 한 번 처음인 듯 창조되고 있다고 느꼈다. 화자는 이런 소생, 이 재창조에 자신이 깊이 개입되어 있다는 것을 예리하게 느낀다. 진정한 영감을 받은 인간이란 '그저 얼었다가 녹아내리는 진흙 덩어리'가 겨울 상태의 정신적 무기력과 단단함에서 흘러 나와 새로운 형태의 생명으로 바뀌는 것 아니겠는가?

다시 활기 띤 전경 속의 다른 장면들로 관심을 돌린 화자는 봄의 첫

참새와 가냘프고 우아한 매, 습지의 매 같은 자연의 소생을 나타내는 다른 조짐들과의 만남에 대해 전한다. 날이 저물면서 화자는 숲 너머에서 낮게 날아 돌아오는 기러기 울음소리에 갑자기 놀란다.

그때 초목을 보던 그는 겨울을 지나오면서 쇠해진 잣나무와 키 작은 참나무가 졸지에 더욱 푸르러지고 곧게 살아나는 것을 깨달았다. 5월이 되자 자연은 새롭고 비옥한 모습을 완전히 드러냈다. 심지어 초라한 풀들도 자연의 새로운 활력을 드러냈다. 돋아나는 풀의 모습에서 화자는 현재의 새로운 활력감에 대한 또 하나의 진리를 추려낸다. "우리 사람의 생명도 뿌리만 남고 죽게 되지만 여전히 영원을 향해 그 푸른 잎을 내뻗는 것이다." 화자는 다시 한 번 자연 속에서 황홀해 하며 계속 드러나는 강한 활력을 간단히 요약하면서 17장을 끝맺는다. "이리하여 더욱더 높아지는 풀 속을 거니는 동안 계절은 여름으로 접어들었다." 자연이 여름의 성숙함을 향해 자라고 있을 때 화자는 자신의 정신적인 성취를 향해 성장하게 될 것이다.

화자는 이 장의 주제인 듯한 두 개의 상징적 언급을 한다. "월든은 죽었다가 다시 살아 있다"와 "햇빛 속에서 반짝거리는 리본처럼 길게 뻗친 물결, 환희와 젊음으로 가득한 호수의 맨 얼굴을 보는 것은 영광스럽다"가 그것이다. 우리가 알고 있듯이 호수는 화자의 자아의 상징이고, 이런 언급은—또 정말로 모든 장은—그의 정신이 행복하게 소생하는 것을 상징한다. "호수들"처럼 17장에도 화자의 정신적 향상의 열렬한 느낌을 드러내는 은유와 상징을 압축해서 모아놓았다. 17장에서 이런 기능을 수행하지 않는 문장은 단 하나도 찾기 어려울 것이다.

마지막 문단에서 화자는 1847년 9월 6일에 월든 호수를 떠났다고 알려준다. 다른 삶을 살아야 했기 때문에 호수를 떠났다고 일찍이 말했지만 이토록 멋진 세계를 떠난 이유가 궁금한 것은 당연하다. 일부 비평가들은 소로의 실제 호숫가 경험이 화자만큼 성공적이지는 않았다고 믿는다. 즉, 그것은 〈월든〉이 상상력 풍부하고 예술적인 창조물이지 자전적 이야기가 아니라는 사실을 강조하는 역할을 한다.

Chapter 18
맺는말

월든 호수에서의 실험과 정신적 탐구는 결론이 났다. 발견해낸 진리를 바탕으로 화자는 최종적으로 독자들도 새롭고 더 훌륭한 삶을 시작하라고 충고한다. 우리가 그렇고 그런 마을에서 네 개의 벽에 갇혀 살고 있기 때문에 틀림없이 우리의 삶이 제한되고 얄팍하고 평범하다고 결론지어서는 안 된다는 것이다. 재미있는 삶을 누리기 위해 세계를 돌아다닐 필요는 없다. 인생은 '항해'일 수 있지만 반드시 어두운 아프리카나 남태평양을 탐험해야 하는 것은 아니다. 오히려 풍요로운 삶은 우리가 인간으로서 위대해질 유일한 가능성인 신성의 가능성을 발견하는 내면으로의 여행에 있다. 그는 독자들에게 이렇게 충고한다.

그대의 눈을 안으로 돌려보라, 그러면 그대의 마음속에
여지껏 발견 못하던 천 개의 지역을 찾아내리라.
그곳을 답사하라, 그리고
자기 자신이라는 우주학의 전문가가 되라.

　　당대 미국의 팽창주의의 배경을 놓고 그는 그렇게 많은 사람들이 지리적 탐험에 삶을 낭비해 버리는 이유를 알 수가 없었다. "아프리카는, 또 서부는 무슨 의미가 있는가?" 우리 자신의 내부는 도표 위에 하얀 공백으로 남아 있지 않는가? / … 늙은 철학자의 가르침을 따르라. 그리고 그대 자신을 탐험하라. 도덕의 세계에는 대륙과 바다가 있다. 모든 인간은 그곳으로 가는 지협과 입구다. 아직 그가 탐험하지 않은."

　　자아의 내면에 있는 것을 발견하면 그때는 자신이 찾는 위대해질 가능성을 전개시켜갈 수 있는 방법에 대한 미래상을 쌓아가야 한다. 인간은 자신이 되고 싶은 것은 무엇이든지 될 수 있다. 사람의 잠재력은 광대해서 이 생에서 실현될 수 있다. 화자는 "사람이 자기의 꿈의 방향으로 자신 있게 나아가며, 자기가 그리던 바의 생활을 하려고 노력한다면 보통 때는 생각지도 못한 성공을 맞게 되리라…" 그는 우리 자신에 대해 이런 견해를 제공하여 '평범한 사람들'로 남는 것에 만족하고, 그토록 과대평가된 상품인 상식으로 사는 단순히 '평균적인 미국인'이라는 것에 긍지를 느끼는 '대중적인' 넋에 빠지지 말라고 경고한다. "왜 항상 가장 우둔한 지각력으로 수준을 떨어뜨리고는 그것을 상식이라고 칭찬하는가? 가장 평범한 상식은 잠자는 사람의 상식으로, 그들은 그것을 코를 고는 것으로 표현한다."

　　그는 우리를 마비시키는 과거의 영향을 멀리하고, '우

리 미국인들과 현대인들이, 고대인들은 물론 엘리자베스 여왕 시대의 사람들과 비교해서도 지적인 난쟁이들에 불과하다고 계속 귀가 아프게 떠들어대는' 사람들의 말을 듣지 말라고 한다. 우리는 소위 '사람들이 사람들'이었던 행복했던 옛날을 걱정하느라 시간을 보내서는 안 된다. "각자는 자신의 일에 마음을 쓸 것이며, 타고난 대로 되기 위해 노력해야 한다."

순응이란 피해야 할 또 하나의 함정이다. "왜 우리는 성공하려고 그처럼 필사적으로 서두르며, 그처럼 무모하게 일을 추진하는 것일까? 어떤 사람이 또래들과 보조를 맞추지 않는다면, 그것은 아마 그가 그들과는 다른 고수의 북소리를 듣고 있기 때문일 것이다. 그 사람으로 하여금 자신이 듣는 음악에 맞추어 걸어가도록 내버려두라. 그 북소리의 음률이 어떻든, 또 그 소리가 얼마나 먼 곳에서 들리든 말이다." 내적 탐험과 성장은 각 개인의 개별적 관심영역이다. 각자 자신의 진리를 발견해야 하고, 그것에 따라 살아야 한다. 화자는 이것을 어떻게 행할 수 있는지 예를 제시했다. 우리는 그가 '들떠 있고 신경질적이며 어수선하고 평범한 19세기에 살기보다는 이 시대가 지나가는 동안 서거나 앉아서 생각에 잠겨' 자신의 자아를 경작하는 일에 전념하겠다고 결심하는 것을 본 바 있다.

그런 생활 방식의 결과는 '강하고 아름다운 벌레' 이야기로 설명되고, 그에 어울리게 〈월든〉은 스스로 부과한 한계를 초월해 무한한 잠재력을 성취하는 인간의 능력에 대한 낙관과 희망을 강한 어조로 설파하는 것으로 끝맺는다.

마무리
노트

초월주의 운동

헨리 소로는 한때 자신이 때맞춰 태어났다고 밝힌 바 있다. 이 말을 처음 접하면 어리둥절하거나 놀랄 수도 있겠지만 소로가 여태껏 사용했던 가장 의미 있는 말 가운데 하나로 주목해야 한다. 소로의 삶의 특징과 〈월든〉이란 작품 자체가 바로 그가 태어난 날의 결과였다는 것은 대단한 일이라 아니 할 수 없는 것이다. 소로가 운명적으로 주요 대변자의 한 사람이 된 초월주의 운동은 1817년에 탄생했다. 이 운동은 1830년대 후반에 가면 소로의 상상력을 충전시키고 그의 에너지를 인간의 이상적 존재 가능성에 대한 집필과 강의 쪽으로 흐르게 하는 지적 원동력이 되었다. 소로는 초월주의 운동을 태동시킨 당면 관심사에는 그다지 흥미가 없었으나 1820년대부터 이 운동에 몸담아왔던 오레스테스 브라운슨, 브론슨 앨콧, 에머슨 같은 사람들이 이 젊은 하버드 졸업생의 마음을 강하게 끌어당겼고 사실상 그의 성숙된 삶을 만들어냈다.

소로의 작품을 통해서는 모를 수도 있지만, 초월주의 운동은 유니테리언 교회[*] 내에서 일어난 열띤 종교적 논란의 결과물로서, 1820년대에 보스턴과 그 주변에서 활동하던 젊

_* **유니테리언 교회**(Uniterian church): 그리스도교의 삼위일체론(三位一體論)의 교리에 반하여, 그리스도의 신성을 부정하고 하나님의 신성만을 인정하는 교파.

은 목사들의 반감에서 출발했다. 그들은 에머슨이 말한 '하버드 대학과 브래틀 가(街)의 시체처럼 차가운 유니테리언주의(일위일체론)'란 것에 대해 이의를 제기하고 나섰다. 기독교에 초이성적으로 접근하는 유니테리언주의에서 신자들의 영적·정서적 욕구를 충족시킬 능력을 상실한 종교의 형태를 보았던 것이다. 이들 젊은 목사들의 눈에는 유니테리언주의가 진정한 종교적 경험의 본질—직관, 느낌, 신비—을 없애버리고, 그것들을 종교 생활에 대한 이성적이고 상식적인 '규칙서' 같은 접근방식으로 대체한 것처럼 보였다. 엄격한 신앙심을 지닌 캘빈주의자들은 유니테리언주의가 종교가 아니라 단지 일상적인 거래 윤리에 마음 쓰고 싶지 않은 사업가들의 주일 아침 사교 모임이라고 비난했다. 낙천적 성향의 초월주의자들은 캘빈주의자와 공통점은 별로 없지만 영적인 문제에서는 이런 유니테리언주의의 위안(慰安)적 요소에 대한 평가에 동의했다. 유니테리언주의가 발생하기 전에는 초월주의자들과 캘빈주의자들은 똑같이 뉴잉글랜드의 신앙을 특징지었던 하나님에 대한 깊은 체험과 엄격한 도덕성의 상실을 슬퍼했다. 오레스테스 브라운슨은 유니테리언주의를 '교회로부터 절대적 불신앙으로 향하는 출발점'이라고 부르며 많은 젊은 목사들을 옹호했다.

문제의 뿌리는 유니테리언 교회의 성격을 형성했던 인물이 지녔던 18세기의 철학적 견해였다. 그것은 존 로크가 대중화시킨 '상식적'이거나 아니면 '놀라운' 철학이었다. 주요한 교의 중 하나는 태어날 때의 마음은 비어 있는 정제와 같다는 것이고, 모든 지식이란 '생각과 느낌이 오감을 통해 받아들여지면서' 이 정제를 채운 결과라는 것이다. 따라서 달리 비유하면, 마음은 감각 경로를 통해 정보를 받아들이고 적당한 범주로 분류하는 기능만 담당하는 일종의 기계적 조직체로 본다는 것이다. (이 같은 개념이 생소한 사람은, 로크가 지칭하는 마음을 나중에 쓰기 위해 생각을 넣어 저장하는 일종의 파일 캐비닛이나 외부 세계의 느낌을 내부로 받아들여 보존하는 카메라로 상상한다면 이해가 쉬울지 모른다.) 사람의 마음을 느낌의 수동적 수용체란 개념으로 받아들여 감각적인 경험을 통해 얻는 지식에 한정하는 유니테리언 교회는 상식적인 종교를 공식화했다. 그 공식에 따르면 종교적으로 독실하다는 것은 단순히 성서를 읽고(감각적 경험), 설교를 듣고(감각적 경험), 자연 속에서 하나님의 솜씨를 봄으로써(감각적 경험) 하나님의 법을 배우는(받아들이는) 일에 불과했다. 사람의 지식은 감각에 의해 제한받기 때문에 초감각적인(초자연적인) 하나님을 직접 경험하거나 알 수 없다는 생각이었다. 그 결과, 사람이 할 수 있는 유일한 종교 활동은 하나님에 대해 감각이 드러내는 것을 배우고 믿는 일이며, 유일한 의무는 성서와 교회가 하나님의 뜻이라고 가르치는 것에 순응하는 일이다. 여기서 유니테리언주의의 메마른 규칙서다운 본질이 나타난다.

즉, 하나님은 인간의 감각적 경험으로부터 떨어져서 '저쪽'에 있었고, 상식으로는 기적을 증명할 수 없기 때문에 기독교의 기적적인 측면은 과소평가했으며, 인간이 이성적 동물이라는 것을 강조함으로써 하나님에 대한 정서적이거나 직관적인 경험의 비이성적 본질에는 관심을 기울이지 않았다. 기독교에서 그 핵심이 빠져 있다고 생각한 초월주의자들은 반기를 들었다.

교회와 성서를 통해 하나님을 간접적으로 아는 것으로는 불충분했고, 결국 성직을 떠난 에머슨은 1838년도 하버드 졸업반을 대상으로 연설하면서 이 부분을 분명히 했다. 그는 어떤 제도상의 교회나 교리, 강령, 심지어는 예수조차도 하나님과의 직접적인 의사소통에 방해가 되어서는 안 된다는 것을 성직자와 유니테리언 목사를 지망한 학생들로 이루어진 청중들에게 선언했다. 이것은 급진적인 선언이었지만 앞서 여러 해 동안 초감각적인 지식을 얻고 초자연적인 존재를 경험하는 인간의 능력에 대한 믿음을 공식화했던 에머슨으로서는 논리적인 것이었다.

에머슨의 '신학교 연설' 뒤에 자리한 요점은 로크 식 관념을 부인하는 것이었다. 에머슨과 여타 초월주의자들은 인간이 그저 하나님에 대해 배우는 것에 제한되지 않고, 인간의 마음은 감각이 주는 느낌의 유일한 수신자이기보다는 감각에서 독립해 하나님의 의식도 만들어낼 능력이 있다는 것이다. 다시 말해, 로크의 '빈 정제'와는 반대로 마음은 잠재적으로 상상과 직관을 갖춘 강력한 도구로서, 신성과 개인적인 교섭을 수립할 수 있다는 것이다.

18세기 후반과 19세기 초, 칸트와 피히테*, 셸링** 같은 독일의 초월주의 철학자들은 처음부터 이 같은 '창조적 지성'이란 견해를 내놓았다. 에머슨과 그의 동료 초월주의자들이 뉴잉글랜드에서 이것을 자신들의 지적 혁명의 핵심 사상으로 만들기 전에 영국의 낭만주의 시인 콜리지가 영국에서 대중화시켰고, 1837년 하버드를 졸업하고 지적·정신적으로 굶주린 소로가 삶의 방식과 근거, 철학 등, 일생을 바칠 만한 것을 찾고 있던 시기에 '때마침' 미국에 당도했다. 그리고 그곳에서는 인간의 능력에 대해 지극히 새롭고 흥미로운 시각을 지닌 뉴잉글랜드 초월주의자들이 그를 기다리고 있었다. 이런 시각이 〈월든〉의 핵심이기 때문에 에머슨이 주장했던 인간의 특별한 능력에 대해서는 설명이 더 필요하다.

에머슨은 1838년 '신학교 연설'에 앞서 수년간 사람이 하나님의 의식 — '하나님'은 그 역시 대령*** 혹은 '이상'이라고 명명한 영적인 힘 — 을 창조한다고 결론지었다. 에머슨이 추론한 대로 인간이 신의 의식을 창조한다면 사실상은 신을 창

---

* **피히테**(Johann Gottlieb Fichte, 1762-1814)：독일의 철학자, 독일 관념론의 대표자. 그의 사상은 셸링과 헤겔로 계승되었다.

** **셸링** (Friedrich Wilhelm Joseph von Schelling, 1775-1854)：독일의 철학자. 칸트, 피히테를 계승하여 헤겔로 이어주는 독일 관념론의 대표자.

*****대령**(大靈, oversoul)：초월주의에서, 진 인류의 정신적 귀일(歸一)인 신.

조한 것이다. 만약 그가 지적으로 신을 창조한다면 그는 신의 힘을 소유한 것이어서 자신이 신성함이 분명하다. 따라서 에머슨은 〈자연론〉에서 자기 내부에 있는 신과 같은 의식의 힘을 깨닫지 못하는 개인을 '폐허 속의 신'으로 묘사했다. (소로는 〈월든〉의 15장 "겨울의 동물들"에서 에머슨과 아주 유사한 구절을 사용했는데, 자기 내부에서 신성을 의식하지 못하는 사람들을 신의 '외관이 손상되고 기울어진 기념탑'이라고 했다.) 소로는 인간 개개인이 지성의 잠재력을 통해 신과 같이 되고, 이상적인 존재 형태를 깨달으며, 현재의 불완전하고 불만족스러운 삶의 상황 위로 (즉, 초월하도록) 자신을 고양시킬 능력을 가졌다고 믿었다. 간단히 말해, 에머슨은 독자들에게 총체적이고 황홀한 자기실현을 제안했다. 이것이 소로의 상상력에 불을 붙였다. 몇 년 뒤 소로는 〈월든〉에서 그것을 제공했다. "나는 천성이 강하고 씩씩한 사람들에게 지시할 생각은 없다… 하지만 자신들을 향상시킬 수 있을지도 모를 시간에 운명의 가혹함이나 시절에 불만을 품고 게으르게 불평이나 늘어놓는 많은 사람들에게는 (그렇게 해야겠다)." 그는 에머슨 같은 낙관주의와 사람의 능력에 대한 믿음을 가지고 청중에게 말했다. "내가 알고 있는 가장 고무적인 사실은 의식적인 노력으로 자신의 삶을 고양시키는 인간의 확실한 능력이다."

　　〈월든〉에서 소로는 자기의 신성을 깨닫고 실세계에서 이상적인 존재가 될 잠재력을 성취할 수 있는 접근방법의 실

레를 제공한다. 에머슨처럼 소로는 정신을 수양해서 자신의 이상적인 모습을 마음속에 창조한 다음, 그 이상이나 꿈을 실현시킬 수단을 찾으라고 충고한다. 소로는 1장 "숲 생활의 경제학"에서 그 뜻을 분명히 했다.

누군가 상상의 사실(마음이 만든 이상적 자아의 개념)을 자신이 이해한 사실(일상적이고 구체적인 실재의 사실)이 되도록 변화시킬 때 모든 인간은 마침내 그 바탕 위에서 자신들의 삶을 구축하게 되리라고 나는 생각한다.

소로는 〈월든〉의 "맺는말"에서 월든 호숫가의 경험에 비춰보면 이상적인 삶의 형태는 누구나 잡을 수 있는 곳에 있다고 믿는다며 다시 한 번 그 뜻을 확인시켜준다.

나는 경험에 의하여 적어도 다음과 같은 것을 배웠다. 즉, 사람이 자기의 꿈의 방향으로 자신 있게 나아가며, 자기가 그리던 바의 생활을 하려고 노력한다면 보통 때는 생각지도 못한 성공을 맞게 되리라는 것을 말이다. 그때 그는 과거를 뒤로 하고 눈에 보이지 않는 경계선을 넘을 것이다. 새롭고 보편적이며 보다 자유스러운 법칙이 그의 주변과 그의 내부에 확립되기 시작할 것이다. 그렇지 않으면 묵은 법칙이 확대되고 더욱 자유로운 의미에서 그에게 유리하도록 해석되어서 그는 존재의 보다 높은 질서의 허가를 받아 살게 될 것이다.

그가 자신의 생활을 소박한 것으로 만들면 만들수록 우주의 법칙은 더욱더 명료해질 것이다. 이제 고독은 고독이 아니고 빈곤도 빈곤이 아니며 연약함도 연약함이 아닐 것이다. 만약 당신이 공중에 누각을 쌓았더라도 그것은 헛된 일이 아니다. 누각은 원래 공중에 있어야 하니까. 이제 그 밑에 토대만 쌓으면 된다.

〈월든〉은, 상투적인 말을 쓰자면 사람들이 '두 개의 세계 — 영적인 초자연적 세계와 일상적으로 존재하는 자연의 세계 — 를 최대한 이용'할 수 있고 이용해야 한다고 제안한다. 소로는 이상을 깨달으라고 충고한 다음, 거기에 맞춰 그 이상이 현실이 되도록 삶을 구상하면 '최상의 두 세계'가 '한 세계'가 될 수도 있고, 거기에서는 영적인 존재가 일상적인 존재와 똑같다는 것이다.

〈월든〉은 그런 상태의 삶을 깨닫기 위한 탐구를 예술적으로 묘사한 것이다. 이상적 경험에 대한 이론을 썼던 에머슨과는 달리, 소로는 동시대 사람들 — 그리고 우리들 — 에게 한층 고귀한 삶의 형태에 대한 탐구를 성공적으로 이두노록 하는 구체적인 방법을 제시했다. 〈월든〉에서 우리는 소로가 '공중의 누각' 아래 '토대'를 세우는 것과 자아 성취의 꿈을 실현시켜주는 생활 방식을 창조하는 것을 본다.

따라서 소로는 〈월든〉에 나오는 존 필즈의 무딘 영혼을 '깨우려고' 시도하면서, 어떻게 우리가 '깨어나'서 우리 자신의 불만족스러운 삶을 초월하는지 실례를 보여준다. 그는 초월주의자답게 〈월든〉에서 최소한 우리 자신의 완전함과 신성을 깨달을 가능성만큼은 제공하고 있다.

소로의 문학 외적인 영향

20세기 들어 많은 학자들의 연구로 인해 소로의 글은 대학과 문학계에서 커다란 인기를 구가했고, 특히 그가 책이나 산문에서 보여준 적극적인 진실성이 광범위한 계층의 독자들로부터 관심을 끌었다. 마틴 루터 킹 목사는 시사하는 바가 많은 시민 불복종에 관한 글에 개인적인 은혜를 입었다고 인정했다. "나는 깊은 감명을 받은 나머지 그 작품("시민 불복종")을 여러 차례나 읽고 또 읽었다… 이 같은 사상을 헨리 데이비드 소로만큼 설득력 있고 열정적으로 납득시킨 사람은 아직 없다. 그의 글과 직접적인 증언의 결과, 우리는 창조적 항의를 유산으로 받은 상속자가 되었다." 인도의 민권운동가 마하트마 간디 역시 소로의 글에 많은 자극을 받아 '무저항 비폭력'이라는 독립운동 방식을 이끌어냈다. "그의 사상은 내게 엄청난 영향을 주었다. 나는 그 견해 몇 가지를 채택했고, 나를 도와 인도 독립운동에 매진하는 모든 동지들에게 소로를 연구하도록 권고했다… 소로의 사상이 나의 인도 활동에 엄청난 영향을 미친 것은 틀림없는 사실이다." 1962년에는 남아프리카공화국 정부의 인종차별정책에 반기를 든 민중지도자 트레버 부시 역시 소로에게 비슷한 덕을 보았다고 인정했다. "남아프리카에서 그의 영향력은 지대했으며, 우리나라의 억압받는 유색 민중의 권리쟁취투쟁은 그의 대담무쌍한 진보적 가르침과 이 위대한 철학자이자 선각자의 본보기를 통해 커다란 도움을 받았다." 이 같은 사실들은 미국과 해외의 사회운동에 미친 소로의 영향력을 보여주는 몇 가지 사례에 불과하다. 소로는 앞으로도 인간이 처할 상황에 적용될 영원한 진리를 찾는 사람들 사이에서 끊임없이 커다란 호응을 얻을 것이다. 철학자 마틴 부버는 "소로는 모든 인간 역사에 유효한 것을 정확하게 표현했다"고 지적했다. 소로의 글을 보면, 문학은 실생활의 필요와 밀접하게 연관될 수 있고, 예술은 개인과 사회의 일상적 관심과 직접 관련될 수 있다는 것을 알게 된다.

　　소로의 사상이 지닌 대중적 호소력이 인정받은 가장 놀라운 실례 중 하나는 월터 하딩이 〈시민 불복종 집주(集注) *The Variorum Civil Disobedience*〉에서 언급하고 있다. 그는 소로에 대한 공적(公的) 저항의 실례를 다음과 같이 기록하고 있다. "1950년대 중반 미국 공보원이 전 세계에 있는 그들 도서관의 표준도서에 소로의 "시민 불복종"을 게재한 미국 문학 교과서를 포함시키자, 작고한 위스콘신 주의 존 매카시 상원의원이 그 책을 도서관 서가에서 끌어내리도록 만들었는데, 그 이유는 정확히 소로의 글 때문이었다."

이처럼 소로는 20세기 동안 동지나 적 어느 쪽으로부터
도 무시당하지 않았다. 그들이 소로의 의견에 동의하든 하지
않든 그의 글에서 무시할 수 없는 확실한 지적 난제를 발견했
다. 소로는 비물질주의, 인간의 본성에 대한 초월적 낙관주의,
그리고 사회에 대한 시각에서 현대 미국 생활의 기본적 가설
에 의문을 제기한다. 그는 〈월든〉과 "시민 불복종"에서 현대
인들이 살아가는 방법에 대해 '곤란한 질문들'을 던지는데, 지
성인이라면 언제까지고 피할 수 있는 것들이 아니다. 조만간
그들은 소로가 "시민 불복종"에서 표명한 개인과 국가 간의
관계에 관해 입장을 정리해야 하고, 종국적으로는 〈월든〉에서
발견되는 삶에 대한 비물질주의적이고 정신적인 시각의 가치
를 검토해야 한다. 이처럼 소로의 글은 우리로 하여금 생각하
고 반응할 것을 강하게 요구하는데, 오늘날에도 많은 인기를
누리는 이유가 상당 부분 여기에 있다.

다음 질문에 간단히 대답하시오.

1. 어째서 〈월든〉은 초월주의적 미래상의 표현인가?

2. 〈월든〉의 화자가 반사회적 은둔자라는 주장은 타당한가?

3. 화자의 금전적인 '경제'가 어떻게 생활철학으로 확장되었는지 기술하라.

4. 〈월든〉을 '18편의 수필집'이 아니라 일관된 사상을 갖춘 예술작품으로 만든 것은 무엇인가?

5. 〈월든〉을 주제에 맞춰 일관되게 만들어주는 계절적 은유에 대해 논하라.

6. 상징으로서의 월든 호수의 의미에 대해 논하라.

7. 존 필즈를 무기력하게 만드는 문제 무엇인가?

8. 주(州)에 대한 화자의 태도를 논하라.

9. 철도에 대한 화자의 반응을 묘사하라.

10. 철로의 둑에서 봄철 해동의 의미는 무엇인가?

11. 〈월든〉에서 미국 문화는 무엇이 잘못되었다고 하는가?

12. 화자의 콩밭의 의미는 무엇인가?

13. 소로가 1인칭인 '나'의 목소리를 사용한 의미는 무엇인가?

一以貫之

논술노트

자신의 고유한 삶을 찾기 위한 실험 보고서

실전 연습문제

一以貫之는 '논어'에 나오는 말로 '모든 것을 하나의 이치로 꿴다'는 뜻입니다.

논술의 주제와 문제 유형, 제시문들은 참으로 다양하고 가지각색입니다. 그러나 그 모든 것을 하나로 꿸 수 있습니다. '인간사회의 보편적 문제들에 대한 근원적인 물음에 답하는 자기 나름의 견해'라는 것이지요. 논술은 인간이면 누구나 부닥치는 개인적 또는 사회적 문제들에 대한 자기 나름의 고민이자 성찰입니다. 논술은 자기견해, 자기 가치관, 자기 삶에 대한 솔직한 고백입니다.

一以貫之 논술 연구모임은 '자신의 물음'과 '자신의 생각'을 갖고 '자신의 글'을 쓸 수 있도록 도와줍니다.

〈집필진〉
이호곤, 우한기, 박규현, 김법성, 김재년, 김병학, 도승활, 백알, 우효기, 조형진

자신의 고유한 삶을 찾기 위한 실험 보고서

들어가며

〈월든〉은 소로가 2년 2개월간 살았던 월든 호숫가의 숲 속 생활에 대한 기록이다. 하지만 그가 7년을 쏟아 이 책을 완성한 진정한 이유는 바로 '소로 자신의 인생' 이야기를 하고 싶었기 때문이다. 그 이야기를 통해 이웃들의 삶, 어쩌면 자신도 그렇게 살았을지 모를 삶을 돌아보고 개선 가능성이 없는지를 진단하고자 했다. 소로는 이 점을 1장 "숲 생활의 경제학"을 시작하며 분명히 밝히고 있다.

"우리는 말하는 사람이 결국은 언제나 1인칭이라는 사실을 흔히 잊어버린다. 만약 나 자신에 대해서만큼 내가 잘 아는 다른 사람이 있다면 내 이야기를 이렇게 꺼내지는 않았을 것이다. 불행히도 나는 경험이 부족한 탓으로 '나'라는 주제로 한정되게 되었다.

한 걸음 더 나아가 나는 다른 모든 저자들에게도 남의 생활에 대해 주워들은 이야기만을 하지 말고 자기 인생에 대한 소박하고 성실한 이야기를 해줄 것을 부탁하고 싶다. (중략) 여러분의 사정, 즉 여러분이 이 세상에서나 이 마을에서 처해 있는 형편에 관하여 과연 그것이 어떤 것이며, 현재처럼 그렇게 비참해야만 하는 것인지, 또는 그것이 개선될 가능성은 없는 것인지에 대해 조금 말하고자 한다."

그러나 불행히도 동시대 미국인들은 그의 이야기를 들을 준비가 되어 있지 않았다. 당시 미국은 자본주의적 산업화가 본격적으로 진행되던 시기로 역사와 사회의 물줄기를 좌우하는 것은 기업과 시장이었다. 대다수 사람들이 소로의 바람과는 달리 경쟁과 효율, 개발과 성장, 생산과 소비의 끝없는 확대 등이 가져올 '미래의 삶'을 위해 '현재의 삶'을 기꺼이 희생했다. 물질적 풍요가 삶의 풍요를 가져올 것으로 믿던 사람들에게 소로의 '영혼의 고양을 위한 삶, 소박하고 친환경적인 삶'은 지나치게 이상적이거나 낭만적인 주장으로 보였다.

많은 사람들이 소로의 이야기에 귀를 기울일 준비가 되기까지는 결국 100여 년을 기다려야 했다. 20세기 중후반 산업 문명이 요구하는 삶이 사회와 자연, 그리고 인간 자신에게 가져온 폐해들이 심각하게 드러나자 비로소 그것들에 대한 소로의 통찰과 비판적 문제의식은 주목을 받기 시작했다. 그리고 150여 년이 지난 오늘날에 이르러서는 전 세계의 수많은 사람들이 〈월든〉에서 인생의 영감을 얻고 있다. 해마다 60만이 넘는 사람이 찾는다는 월든 호수는 이제 세계의 호수가 되었다.

한 세기를 앞서 동시대인, 나아가 현대인의 삶이 가진 문제점을 내다본 선각자 소로의 이야기를 잘 들으려면 준비가 필요하다. 먼저 깨어 있어야 한다. 자기 삶의 어두움을 마주보면서 깨어 있지 않은 사람에게 새로운 삶의 새벽은 밝아오지 않는다. 그리고 겸손해야 한다. "겸손은 어둠처럼 천상의 빛을 드러나게 한다"고 소로는 말했다. 자신을 비워야 받아들일 틈이 생긴다. 겸손하게 깨어 있지 않은 사람에게 자기 삶의 근본적인 문제는 보이지 않는다. 겸손하게 깨어 삶의 진실을 보고자 할 때 "더 나은 삶은 무엇이고, 그것은 어떻게 가능한 것인가"란 소로의 물음은 곧 우리의 물음이 된다. 그래서 소로는 〈월든〉에서 자신의 이야기를 마치면서 다음과 같이 말했다. "우리의 눈을 감기는 빛은 우리에겐 어두움에 불과하다. 우리가 깨어 기다리는 날만이 동이 튼다." 눈을 뜨고 소로의 이야기를 들어보자.

삶이 아닌 삶을 엎어버리기

소로는 자신이 숲으로 간 목적을 다음과 같이 말했다.

"내가 숲으로 들어간 것은 인생을 의도적으로(또는 신중하게) 살아보기 위해서였다. 다시 말해서 인생의 본질적인 사실만을 직면해 보려는 것이었으며, 인생이 가르치는 바를 내가 배울 수 있는지 알아보고자 했던 것이며, 그리하여 마침내 죽음을 맞이했을 때 내가 헛된 삶을 살았구나, 하고 안타까워하는 일이 없도록 하기 위해서였다. 나는 삶이 아닌 것은 살지 않으려고 했으니, 삶은 그처럼 소중한 것이다. 그리고 정말 불가피하게 되지 않는 한 체념의 철학을 따르기는 원치 않았다.

나는 인생을 깊이 살기를, 인생의 모든 골수를 빼먹기를 원했으며, 강인하게 스파르타인처럼 살아, 삶이 아닌 것은 모두 엎어버리기를 원했다. 수풀을 폭넓게 잘라내고 잡초들을 베어내어 인생을 구석으로 몰고 간 다음에, 그것을 가장 기본적인 요소들로 압축시켜서 만약 인생이 비천한 것으로 드러나면 그 인생의 비천성의 적나라한 전부를 확인하여 있는 그대로 세상에 알리며, 만약 인생이 숭고한 것이라면 그 숭고성을 스스로 체험하여 다음번 여행 때 그에 대한 참다운 보고를 하기 원했던 것이다. 내 보기에 대부분의 사람들은 인생이 악마의 것인지 또는 신의 것인지 이상하게도 확신을 갖지 못하고 있으며, 사람이 사는 주요 목적은 '하나님을 찬미하고 하나님으로부터 영원한 기쁨을 얻는 것'이라고 다소 성급하게 결론을 내리고 있는 것 같다."

소로가 엎어버리고 싶었던 삶, 즉 '삶이 아닌 삶', '헛된 삶'이란 무엇일까? 그것은 먼저 소유물의 노예가 된 삶이다. 소로는 자기 고장의 젊은 농부들이 농장, 주택, 창고, 가축 및 농기구 등을 유산으로 물려받아 그 짐을 지고 가느라 한평생 흙의 노예로 살아가는 것을 보았다. 그에 의하면 이런 삶은 '한 펙의 먼지만 먹어도 될 것을 60에이커나 되는 흙을 먹어야 하는 삶'이며 '불멸의 영혼을 지닌 가련한 사람들이 등에 진 짐의 무게에 눌려 깔리다시피 한 삶'이다. 그가 볼 때 이런 삶은 어리석다. 그것은 '필요성이라는 거짓 운명의 말'을 믿고 재물을 모으느라 정신없이 살다가 육신이 한줌 흙으로 돌아갈 죽음의 순간이면 후회하게 되는 삶이다. 당시 노예를 부리던 남부의 농장주인들 역시 소로가 보기에는 노예들이었다.

소로가 엎어버리고 싶었던 또 다른 삶은 돈의 노예가 된 삶이다. 그는 노동력의 시장가치를 잃어버리지 않기 위해 '단순한 기계 외에 다른 아무것도 될 시간이 없는' 노동자들이 '부질없는 근심과 과도한 노동에 몸과 마음을 빼앗겨 인생의 더 아름다운 열매를 따지 못하는 삶'을 살고 있음을 보았다. 그리고 빚을 지고 '남의 놋쇠'에 묻혀 죽은 목숨이나 다름없이 사는 가난한 사람들과 남의 일감을 맡으려는 제조업자나 상인들이 돈을 벌려고 너무나 무리해서 병들어가는 것을 보았다. 그가 보기에 임금 노예로 고용된 노동자들은 물론이고, 그들을 고용한 북부의 공장주인들 역시 노예였다.

소로는 또한 스스로의 평판에 의해 체념의 노예가 된 삶을 엎어버리고 싶었다. 그는 "남부의 노예감독 밑에서 일하는 것도 힘들지만 북부의 노예감독 밑에서 일하는 것은 더욱 힘들다. 그러나 가장 힘든 것은 당신이 자신의 노예감독일 때다"라고 했다. 소로가 보기에 그의 이웃들은 직업적 의무에 대한 스스로의 평가에 의해 '다른 선택의 여지가 없다고 진정으로 믿는', 잘못된 고정관념을 가진 사람들이 대부분이었다. 그들은 직업인이든 가정주부든 '자기가 자신에게 내리는 평가에 의해 정신의 세계에서 노예생활'을 하는 사람들이었다. 그들은 시간이 있어도 자신의 운명에 생생한 관심을 갖기보다 절망의 인생에 대한 위안을 찾는 데' 시간을 보낸다. 그래서 소로는 "이른바 인류의 유희나 오락 밑에조차 판에 박힌 그러나 무의식적인 절망감이 숨겨져 있다. 이것들 안에는 진정한 놀이가 없다. 왜냐하면 놀이보다 일이 우선이기 때문이다"라고 한다.

이처럼 소로는 이웃들의 삶을 '삶이 아닌 삶'으로 보고 자신부터 먼저 그러한 삶을 엎어버리고 싶어 숲으로 갔다. 한마디로 말해, 그는 '들떠 있고 신경질적이며 어수선하고 천박한' 19세기의 삶을 엎어버리고 싶었다. 그런데 21세기의 삶 역시 소로가 엎어버리고자 했던 그런 척박한 삶이 대다수다. 소유와 소비, 그리고 성공을 향해 벌이는 속도와 효율성의 경쟁으로 인해 우리의 삶은 늘 바쁘고 소란스럽다. 시장과 자본에 매인 삶에 '신성'은커녕 '인간성'도 없다. '진정한 친교를 위한 여유와 놀이를 위한 여가'도 찾기 힘들다. 능동적으로 자신의 삶을 사는 시간보다 수동적으로 타인의 삶을 사는 시간이 대부분이다. 예나 지금이나 우리의 삶이 가진 기본 모습은 변함이 없다.

그럼, 우리 모두가 소로처럼 숲으로 가야 할까? 그러나 현재의 생활을 버리지 못하면 숲만 오염시킬 것이다. 소로가 숲으로 들어갈 때 버린 것은 '기존의 다수가 신봉하던 생활'이다. 그러나 그가 함께 버린 정말 중요한 것은 다른 삶의 가능성에 대한 체념과 절망이다. 대신에 그는 변화의 가능성, 즉 희망과 물음을 가지고 숲으로 갔다. 그는 주류의 삶과는 다른 삶의 가능성을 모색하기 위해 인생에서 기본적 중요성을 갖는 물음들을 가지고 간 것이다. "나는 나 자신이 살고자 하는 삶을 살고 있는가? 삶다운 삶이란 무엇인가? 삶의 진실은 무엇일까? 인생에서 불필요한 사치품과 정말 중요한 것은 무엇인가?…"

물론, 많은 사람들이 살아가면서 이런 물음을 이따금씩은 한다. 그러나 소로처럼 자신의 고유한 삶을 찾으려 기존의 삶을 과감하게 버리고 새로운 삶을 살아가는 사람은 많지 않다. 기존 삶의 근본적인 문제점을 통렬하게 파헤치는 날카로운 통찰력을 가진 사람은 많다. 그러나 오래되어 완고하게 고착된 것들을 근본적으로 엎어버리고 시야를 돌려 위험한 경계를 넘어서기를 주저하지 않는 사람은 많지 않다. 내가 소로에게 부러운 것은 자신의 참된 삶을 찾기 위해 보여주는 그의 거침없는 태도다.

자유로운 삶을 위한 경제학

소로는 〈월든〉의 첫 장을 "숲 생활의 경제학"으로 시작하고, 책의 가장 많은 지면을 경제문제에 할애했다. 그는 삶다운 삶을 영위하려면 경제활동을 어떻게 하느냐가 매우 중요다고 생각했다. 왜냐하면 대부분의 사람들이 불필요한 경제활동에 매달려 삶을 낭비하고 있음이 그의 가장 중요한 문제의식이었기 때문이다. 또한 최소한의 생존을 확보해야 '자유와 성공의 가망을 가지고 생의 진정한 문제들을 다룰 준비가 되기' 때문이다. 사실 그가 월든 호숫가에서 보낸 2년 2개월의 생활은 자유로운 삶을 위한 대안적 경제실험이었던 셈이다.

경제실험을 통해 소로는 자신의 '숲 생활의 경제학'과 '자본주의 경제학'을 비교했다. 그는 당시의 공장제도와 갖가지 사업, 소비 등의 자본주의 경제제도와 경제활동이 가진 본질을 꿰뚫어보고 비판했다.

옷과 관련한 서술에서 그는 다음과 같이 말했다.

"우리들은 '미의 여신'이나 '운명의 여신'이 아닌 '유행의 여신'을 숭배하고 있다."

"내가 보고 들은 바에 의하면, 공장제도의 주요한 목적은 인간이 정직하게 일한 돈으로 옷을 사 입도록 하기 위한 것이 아니라 회사를 살찌우는 것에 있다는 사실을 명확하게 알 수 있기 때문이다."

그는 집과 관련하여 다음과 같이 말했다.

"만약 문명이 인간 상황의 진정한 발전이라고 주장한다면(나역시 그렇게 생각하고 있다. 단, 현명한 사람들만이 그 이점을 최대로 활용한다고 할 수 있다.) 그 문명은 비용을 더 들이지 않고 보다 훌륭한 주택을 마련했다는 것이 증명되어야 할 것이다. 여기서 내가 말하는 어느 물건의 비용이라는 것은, 당장에 혹은 궁극적으로 그 물건과 바꾸어야 할 '생명의 양'을 말하는 것이다. 이 근처의 일반 가옥이 대략 800불 정도인데, 그만한 돈을 모으자면 부양가족이 없는 노동자라도 10년 내지 15년이 걸릴 것이다. 이 계산은 노동자의 하루 수입을, 사람에 따라 다소 차이는 있지만, 평균 1불로 따진 것이다. 그러므로 노동자가 '자기의' 오막집을 마련하려면 생의 반 이상을 바쳐야 하는 것이다. 그가 집을 마련하는 대신 세를 사는 것을 택하더라도 상황이 더 나아진다고 볼 수는 없다. 미개인이 이런 조건으로 자신의 오막집을 대궐과 바꾸려고 했다면 그것이 현명한 짓이었겠는가?"

"문명은 가옥을 개량해 왔지만, 그 속에서 살 인간까지 같은 정도로 개량하지는 못했다."

그는 당시의 경제활동에서 계급에 따른 빈부격차와 맹목적인 소비를 보았다.

"어떤 계급의 사치는 다른 계급의 빈곤에 의해서 균형을 유지하고 있다."

"현대를 특징짓는 여러 사업들이 이들 노동자 계급의 노동력으로 이루어지고 있는 만큼 이런 사람들에게 눈을 돌리는 것은 지극히 당연한 일일 것이다."

"대부분의 사람들은 집이란 무엇인가에 대해서 생각해 본 적이 없는 듯, 이웃 사람들과 같은 집을 자신도 가져야 한다고 생각하고 있기 때문에, 평생 하지 않아도 될 가난한 생활을 강요받게 된다."

그는 물질적 진보와 철도 같은 문명의 이기에 대해서도 비판적이다.

"인간은 자신이 만든 도구의 도구로 전락하고 말았다."
(중략)

"우리의 대학들과 똑같은 실정에 놓여 있는 것이 바로 무수한 '현대적 개선'이란 것들이다. 그것들에는 어떤 환각이 작용하고 있다. 항상 긍정적인 발전만 있는 것은 아니다. 이 '현대적 개선'에는 악마가 초기에 투자해 놓은 몫이 있는데, 이것과 그 후 계속적으로 투자한 몫에 대하여 악마는 가혹한 복리를 짜내고 있다. 우리의 발명품들은 흔히 진지한 일로부터 우리의 관심을 빼앗아내는 예쁘장한 장난감일 경우가 많다. 그것들은 '개선되지 않은' 목적을 달성하기 위한 '개선된' 수단에 지나지 않으며, 그 목적이란 기차가 보스턴이나 뉴욕에 쉽게 도착하듯이 이 신발명품 없이도 이미 너무 쉽게 도달할 수 있는 것들이다. 우리는 메인 주에서 텍사스 주를 잇는 전신을 가설하려고 무척 서두르고 있다. 그러나 메인과 텍사스는 서로 통신할 만큼 중요한 일이 없을지도 모른다."

그래서 그는 "가장 현명한 사람들은 항상 가난한 사람들보다도 더 간소하고 결핍된 생활을 해왔다"고 하면서, 자신이 원하는 자유로운 삶을 살기 위해서는 '자발적인 가난'이 필수라고 생각했다. '생명의 열'을 지속시키는 데 필요한 것을 얻기 위해 자기가 하고 싶은 일을 하지 못하는 것은 어리석기 때문이다. 그는 자신의 경제실험을 통해 이 '생명의 열'을 지속시키는 데 꼭 필요한 생활필수품이 그렇게 많은 노동을 필요로 하지 않음을 증명한다. 지리적 여건이나 문명의 발달 정도에 따라 다르긴 하겠지만 '아무리 사회가 발전했어도 인간 생존의 기본 법칙에는 별다른 변화를 가져오지 못했기 때문에' 식량, 주거 공간, 의복과 약간의 도구들만 있으면 1년에 6주가량만 일하면 생계를 꾸려갈 수 있음을 그 조달 과정과 구체적인 비용까지 공개하면서 스스로 입증했다.

물론, 가난이나 돈이 안 드는 생활 자체가 소로의 목적은 아니었다. 그가 월든 호숫가에 자리 잡은 구체적 목적은 처녀작 〈콩코드 강과 메리맥 강에서 보낸 일주일〉을 가능한 한 사람들의 방해를 받지 않고 쓰기 위해서였다. 자신이 그 일을 하는 데는 딱딱한 침대와 작은 책상, 그리고 손님을 위한 세 개의 의자만 있는 한 칸짜리 작은 오두막으로 충분했다. 간소한 생활이었지만 불필요한 노동과 관계가 줄어들어 '가난해서 오히려 자유로운 삶'이 되었다. 집필 외에도 건강한 정신활동과 육체활동으로 삶은 풍성했다. 아침에 일어나 호수에서 멱을 감고 매일을 새로운 마음으로 시작하고, 낮에는 땅을 일구거나 낚시로 먹을거리를 장만했다. 때로는 자연을 관찰하거나 이웃을 방문하면서 오후를 보내고, 저녁이면 책을 읽고, 손님들을 맞이하고, 명상을 했다. 그는 순간순간을 소중하게 살아가며 자신의 삶을 기록했다.

도덕적 관념론자나 교훈주의자, 또는 사회개혁주의자나 정치사상가, 그리고 진보적 학자 등등 더 나은 삶을 꿈꾸는 사람들이 흔히 저지르는 잘못 가운데 하나가 경제문제를 소홀히 취급하는 것이다. 그러나 소로는 경제를 경솔하게 취급해서는 결코 삶의 문제가 해결되지 않을 것임을 알았다. 그럼에도 그는 자신과 같은 생활방식을 다른 사람이 그대로 따르기를 바라지 않았다. 그는 각자가 자신의 고유한 길을 찾아 그 길을 갈 것과 그 자신에게 맞는 생활양식을 찾기를 원했다.

그렇다면 우리가 소로의 경제학에서 배워야 할 것은 무엇일까? 그것은 경제활동이 자신이 하고 싶은 일을 하는 데 방해가 되지 않도록 방향감각을 잃지 않는 것이다. 뿐만 아니라 경제활동의 진정한 목적이 무엇인지를 철저하게 따져 불필요한 활동을 줄이는 것이다. 그리고 정직한 노동으로 생활필수품을 마련하여 타인에게 생존을 의존하지 않고 경제적 독립을 유지하여 삶의 자율성을 확보하는 것이다. 개인이든 국가든 그것이 인간답게 사는 것에 어떻게 도움이 되는지를 물어보지 않고 맹목적인 성장과 발전을 추구하는 우리 사회에 꼭 필요한 경제학이다.

우리도 소로처럼 모든 기존의 경제활동에 근본적인 물음을 던져야 한다. 오늘날 인류의 대다수는 정직한 노동에 대해 아무런 보장을 않는 시장과 사람을 위한 사업이 아니라 이윤을 위한 사업을 하는 기업이 주도하는 경제제도 속에 살고 있다. 또한 인간적 가치보다 경제를 우선하는 정치세력들이 주도하는 국가에 속해 있다. 이러한 국가와 사회에서 '자유로운 삶을 위한 대안 경제학'의 출발은 경제를 삶의 목적이 아닌 수단의 자리에 돌려놓는 것이다. 그리하여 우리의 모든 활동을 '인간영혼의 소중함과 오늘이라는 시간의 소중함'이라는 기준으로 낱낱이 따지는 것이다.

일상과 자연, 그리고 인간의 내면을 마주보고 성찰하기

소로는 자신의 대안 경제학에 따라 최소의 시간을 들여 독립적인 육체노동으로 생계를 해결하고 많은 시간을 자유로운 활동으로 보냈다. 그래서 그의 숲 속 생활은 낚시와 콩밭 가꾸기, 독서, 자연관찰, 사색, 친교, 마을 나들이 등으로 이루어졌다. 이처럼 다양한 자유로운 활동이 향한 것은 앞에서 말했듯이 결국 '삶의 진실을 찾는 것'이었다. 그는 '삶의 진실', 또는 진리를 어디서 어떻게 찾았던 것일까?

그는 먼저 깨어나 실재하는 세계를 잘 관찰하고 사색했다. 그는 진리가 아득히 먼 곳이나 영원한 시간 속에서라기보다는 바로 지금 이 순간, 이 장소에 존재한다고 생각했다. 그럼에도 우리가 진리를 보지 못하고 '완전한 환상을 기반으로 세워진, 형식에 빠진 인습적인 일상생활'을 하고 있는 것은 미망에 빠져 잠들어 있기 때문이며, 나아가 사물의 표면을 꿰뚫어보는 통찰력이 부족하기 때문이라고 한다. 그에 의하면 '실재하는 것들은 언제나 즐겁고 숭고하다.' 소로는 '실재하는 것'을 '위대하고 가치 있는 것'으로 간주하고, '실재의 세계를 끊임없이 내부로 흡수하여 그것에 몸을 담그는 일에 의해서만' 그것을 이해할 수 있다고 했다. 또한 그것에 대해서는 노는 것이 삶인 어린아이들이 어른들보다 더 잘 알고 있다고 했다. 그는 "우주는 언제나 순수하게 우리들의 사색에 응해 준다"고 하면서 늘 자신의 일상을 관찰하고 사색했다. 현대인들의 삶이 더 불행한 이유 중 하나도 텍스트와 이미지의 세계에 갇혀 실제와의 만남을 차단당하고 있기 때문일 것이다.

다음으로 그는 독서를 통해 삶의 진실에 다가갔다. 특히 그는 '고전 읽기'의 중요성을 강조했다. '고전이란 기록되어 있는 인간의 사상 중에서 가장 기품 있는 것'이기 때문에, 고전의 저자들이나 경전에 나오는 성현들과 교제하면서 고전에 기록된 풍부한 정신적 유산을 받아들여 예지와 마음의 크기를 더해야 한다는 것이다. 그는 '고전 읽기'를 위해서는 끊임없는 정신 집중으로 주의 깊게 읽어야 하기에 그 어떤 수련보다 혹독한 수련을 요구한다고 했다. 게다가 고전은 원어로 읽어야 제대로 읽는 것이고, 그에 필요한 어학을 공부해야 한다고 했

다. 문맥에 맞지도 않은 번역서들과 자신의 삶에 대한 문제의
식 없이 소개된 외국 사상서들을 자주 접하는 필자로서는 참
으로 공감이 가는 말이다.

　나아가 소로는 삶의 진실을 찾기 위해 자연을 세밀하고
주의 깊게 관찰했다. 자연은 고전만큼이나 그에게는 오래된
책이었다. 그는 '단순한 독서가'가 아니라 '사물을 볼 줄 아는
사람'이 되고자 했다. 따라서 첫 해 여름에는 아예 책을 읽지
않고 자연의 소리와 그에 끼어드는 문명의 소리, 즉 철도 소리
를 들었다. 자연의 평화로운 흐름에 생활의 흐름을 맡겼다. 그
것을 통해 소로는 시간의 흐름과 명상과 무위에 대한 깨달음
을 얻었다. 그리고 자연의 다양성과 관용성을 깨달았다.

　특히 그는 고독과 사색을 통해 자연과 자신의 내면을 탐
구하고 그 목소리에 귀 기울이는 것만큼 가치 있는 것은 없다
고 생각했다. 그는 "자연의 한가운데서 생활하며 자신의 오감
을 잃지 않고 잘 유지하는 사람은 지독하게 어두운 우울증 같
은 것에 절대로 걸리지 않는다"며, 자신의 내면과 자연이 교
감하고 대화하는 시간의 즐거움을 표현했다. 그에게 자연은
존재의 원천적 힘이요, 때 묻지 않은 순수함으로 인간의 마음
을 정화시키는 신전이자 '영묘한 예지의 바다'였다.

　'자연은―해와 바람과 비, 그리고 여름과 겨울은―말로 표현
할 수 없이 순수하고 자애로워서 우리에게 무궁무진한 건강과 환희

를 안겨준다. 그리고 우리 인류에게 무한한 동정심을 가지고 있기 때문에 만약 어떤 사람이 정당한 이유로 슬퍼한다면 온 자연이 함께 슬퍼해 줄 것이다. 태양은 그 밝음을 감출 것이며, 바람은 인간처럼 탄식할 것이며, 구름은 비의 눈물을 흘릴 것이며, 숲은 한여름에도 잎을 떨구고 상복을 입을 것이다. 내가 어찌 대지와 교류를 갖지 않겠는가? 내 자신이 그 일부분은 잎사귀이며 식물의 부식토가 아니던가!'

그러나 소로는 자신의 내면에만 빠진다든지 자연에만 몰입한다든지 하지 않았다. 사색을 통해 자신의 행위와 그 결과, 그리고 자연으로부터 일정한 거리를 두고 자신의 삶을 성찰했다.

"사색을 함으로써 우리는 건전한 의미의 열광 속에 빠질 수 있다. 마음의 의식적인 노력으로 우리는 행위들과 그 결과들로부터 초연하게 서 있을 수 있다. 그렇게 되면 만사는 좋은 일이든 나쁜 일이든 격류처럼 우리의 옆을 지나치게 된다.

우리는 자연 속에 전적으로 몰입되어 있지는 않다. 나는 시냇물에 흘러가는 나무토막일 수도 있고, 또는 하늘에서 그 나무토막을 내려다보고 있는 인드라 신*일 수도 있다. 나는 어떤 연극 공연에 감동을 받을 수도 있겠지만, 반면에 나에게 훨씬 더 이해관계가 있을

---

* **인드라 신**: 힌두교의 신 가운데 하나로 공기, 눈, 비, 바람과 천둥을 다스린다.

지 모르는 실제의 사건에 감동을 느끼지 않을 수도 있다. 나는 내 자신을 인간적 실제로서만, 다시 말하면 여러 가지 사고와 감정의 장소로서만 알고 있다. 그리고 나는 다른 사람으로부터는 물론 나 자신으로부터도 멀리 떨어져 있을 수 있는 어떤 이중성을 느끼고 있다.

나의 경험이 아무리 강렬하더라도 나는 나의 일부분이면서 나의 일부분이 아닌 것처럼 나의 경험에 참여하지 않으면서 단지 방관자로서 메모를 하고 있는 어떤 부분이 존재하고 있는 것을 느끼고 있다."

나아가 그는 자연을 순수하게 정신세계에 가두어두고 낭만적으로만 생각하지 않았다. 월든 근처의 자연을 주의 깊게 관찰해 계절에 따른 수량의 변화, 호수들의 생태적 특징, 어류와 조류의 번식과 행동양식, 삼림과 농부들의 모습을 자세히 기록해 두기도 했던 것이다. 이러한 관찰을 통해 자연을 더욱 깊이 이해하게 되면서 〈월든〉을 집필할 즈음에는 자연의 모습을 성급하게 초월적인 어떤 질서로 환원시키지 않았다. 그는 자연은 우리가 성급하게 결론 내리기 어려운 무한히 복잡하고 깊은 생명체임을 깨달았다. 그리고 인간의 탐욕과 이기심이 자연을 망가뜨리고 인간 자신의 삶을 비천하게 만드는 것에 대해 분개했다. 〈월든〉은 이러한 소로의 생태주의적 자연관을 잘 보여주고 있기에 '녹색의 고전'이 되었다.

"농부의 관심은 오직 눈앞의 이익과 때려먹는 잔치에만 있다. 그는 농업의 여신이나 대지의 신에게 제사를 지내지 않고 지옥의 황금신에게 제사를 지내고 있다.

탐욕과 이기심 때문에, 그리고 토지를 재산으로 보거나 재산 획득의 주요 수단으로 보는 누구나 벗어나지 못하는 천한 습성 때문에 자연의 경관은 불구가 되고 농사일은 품위를 잃었으며, 농부는 그 누구보다도 비천한 삶을 영위하고 있다."

이 콩의 결실을 내가 다 거둬들이는 것은 아니다. 이 콩들의 일부는 우드척을 위해서 자라고 있는 것이 아니겠는가? 밀의 이삭이 농부의 유일한 희망이 되어서는 안 되겠으며, 그 낟알만이 밀대가 생산하는 모든 것은 아닌 것이다. 그렇다면 우리의 농사가 실패하는 일이 있겠는가? 잡초들의 씨앗이 새들의 주식일진대, 잡초가 무성한 것도 실은 내가 기뻐해야 할 일이 아닌가? 밭의 농사가 잘되어 농부의 광을 가득 채우느냐 아니냐는 비교적 중요한 일이 아니다. 올해 숲에 밤이 열릴 것인지 아닌지 다람쥐가 걱정을 않듯 참다운 농부는 걱정에서 벗어나 자기 밭의 생산물에 대한 독점권을 포기하고, 자신의 최초의 소출뿐만 아니라 최종의 소출도 제물로 바칠 마음의 자세를 가져야 할 것이다.

이보다 생태농업이 가진 친환경적인 정신을 잘 묘사한 글을 나는 아직 보지 못했다. 그는 〈월든〉 곳곳에서 자연의 진정

한 가치를 보지 못하고 자연에 감사할 줄 모르는 탐욕스럽고
이기적인 사람들에 대해 거침없는 비판의 말을 쏟아 붓는다.

그가 이 호숫가에 모습을 나타내면 호수 전체에 어떤 저주의 그
림자가 드리워졌다. 그는 호수 근처의 땅의 지력을 쇠잔시켰으며, 가
능하면 호수의 물마저 다 써버리려고 했을 것이다. 그는 이 호수가
영국 건초나 넌출월귤이 자라는 풀밭이 아닌 것을 못내 아쉬워했다.
그의 눈에는 호수는 환금 가치가 없었다. 그는 할 수만 있다면 호수
의 물을 전부 빼고 바닥에 있는 진흙이라도 팔려고 했을 것이다. 이
호수의 물로는 물방아를 돌릴 수 없었으며, 호수를 그냥 바라다보는
것은 그에게는 아무런 '특전'이 될 수 없었던 것이다.

나는 그의 노동을 경멸하며 모든 것에 가격표가 매겨져 있는 그
의 농장도 경멸한다. 그는 단 몇 푼이라도 받을 수만 있으면 경치라
도, 아니 그가 믿는 하나님이라도 시장에 가지고 나가 팔려고 할 것
이다. 사실 그의 진짜 하나님은 시장에 있다. 그의 농장에서는 아무
것도 공짜로는 자라지 않는다. 그의 밭에서는 곡식 대신 돈이 자라며,
그의 꽃밭에서는 꽃 대신 돈이 피어나며, 그의 과일 나무들은 과일
대신 돈이 열리는 것이다. 그는 과일의 아름다움을 사랑하지 않으며,
과일이 돈으로 환금되기 전에는 완전히 익은 것으로 보지 않는다.

그는 마침내 이러한 관찰을 통해 인간의 내면에 있는 '동
물'을 보았다. 그 때문에 인간의 고귀한 본성이 잠자고 있을

때 인간이 얼마나 탐욕스럽고 비천하게 될 수 있는지를 이해
했다. 나아가 인간의 동물성은 '건강할 때도 몸 안에 있는 기
생충처럼 완전히 축출해낼 수 없는 것'이기에, 일생을 통해 한
순간의 휴전도 없이 우리 안의 신성과 싸움을 하고 있다고 했
다. 또한 그는 인간의 이러한 양면성을 인류의 어머니인 대자
연에서도 보았다. 이를테면 약육강식과 먹이사슬에 대해서도
자연이 그 모든 것을 허용하고 있으며 무한히 깊고 풍부하니
규범적 가치판단으로 섣불리 그에 대한 고정관념을 갖지 말라
고 했다. 그래서 그의 인간과 자연에 대한 이해가 지나친 낙관
에 기초하고 있다는 일부의 비판은 그렇게 설득력이 있어 보
이지 않는다.

그때나 지금이나 나는 내 자신 속에서 보다 높은, 소위 정신적
인 삶을 추구하는 본능과 원시적이고 상스럽고 야만적인 삶을 추구
하는 또 하나의 본능을 발견하고 있다. 이 두 가지를 나는 다 존중한다.
나는 야성을 선 못지않게 사랑한다. 낚시질에는 야성과 모험이 내포
되어 있기 때문에 나는 아직도 낚시질에 매력을 느끼고 있다. 어떤
때 나는 삶의 야성적인 면에 빠져들어 하루하루를 좀더 야생동물처
럼 보내고 싶은 욕망을 느낀다. (중략)
자기 내부에서 동물적 요소가 날마다 조금씩 죽어가고 신적인
면이 확립되어 가는 것을 확신하는 사람은 행복한 사람이다. 자기와
결연되어 있는 저급한 동물적인 기질로 말미암아 부끄러워할 이유

를 갖지 않은 사람은 아마 한 사람도 없으리라. 우리는 '파우누스*'나 '사티로스' 같은 신이나 반신이며, 수성과 신성이 결합된 존재이며, 온갖 욕구로 가득 찬 피조물이다. 그리하여 어떤 면에서는 우리의 삶 자체가 바로 치욕이 아닌가, 하는 생각도 드는 것이다. (중략)

…

우리는 동물이 죽어 썩어가는 것을 보면 메스껍고 언짢아하지만, 독수리가 그 시체를 뜯어먹으며 힘을 얻는 것을 보면 차라리 잘되었다는 생각을 한다. 내 집에 이르는 길 옆의 패인 곳에는 말 한 마리가 죽어 넘어져 있었는데, 이 때문에 나는 때때로 길을 돌아가야만 했고, 밤이 되어 냄새가 심하게 풍길 때는 더욱 그러했다. 그러나 그것은 대자연의 왕성한 식욕과 침범할 수 없는 건강을 나에게 확인시켰으며, 나는 그로부터 어떤 위안을 받았다. 대자연이 생명으로 가득 차 있기 때문에 상당수가 희생되거나 서로를 잡아먹을 수 있는 여유가 있는 것이 차라리 다행스럽게 여겨진다.

연약한 생명체가 펄프처럼 짓눌려 없어지더라도, 예를 들면 왜가리가 올챙이를 통째로 삼킨다든지, 길 위에 거북이와 두꺼비들이 마차에 치어 때로는 즐비하게 죽어 넘어지더라도, 자연은 그것을 허용할 여유가 있는 것이다. 우리는 항상 사고를 당할 위험을 안고 있지만 거기에 대한 해명이 얼마나 불충분한가를 깨닫지 않으면 안 된

---

* **파우누스**(Faunus): 로마 신화에 나오는 반인반수의 숲의 신. 농업의 신, 가축을 지키는 목자의 신이기도 함. 그리스 신화에 나오는 '사티로스'와 동일시되고 있다.

다. 현명한 사람이 여기서 받는 인상은 세상엔 죄가 없다는 것이다. 독이란 것도 알고 보면 유독한 것이 아니며, 어떤 상처도 치명적인 것은 없다. 동정이란 옹호할 근거가 그 어디에도 없다. 그것은 임시 변통적인 감정임에 틀림없다. 그에 대한 변명을 고정관념화할 수는 없을 것이다.

결국 그는 간소한 생활과 인간의 내면세계, 그리고 자연을 존중하는 삶의 방식을 통해 자신만의 삶의 진실을 찾았다. 그는 인간과 자연의 양면성과 그 풍부한 생명력에 대해 이해하게 되었고, 자연과 인간을 있는 그대로 존중하는 열린 세계관을 가지게 되었다. 그의 이러한 사상은 노장의 무위적 세계관과 불교의 범신론적 또는 연기론적 세계관, 공자의 인본주의적 또는 수양론적 세계관, 현대 생태주의의 절제와 자연친화적 세계관을 종합시켜놓은 것 같다. 물론, 그가 자신의 사상을 체계화하지 않아 〈월든〉에서도 세부적으로 보면 약간 상충되는 부분도 있다. 하지만 그것들은 사소한 것이고 정작 중요한 것은 그가 대면한 삶의 본질적인 측면들이다.

자유로운 삶을 위하여

소로는 18장 "맺는말"에서 다음과 같은 주장들로 자신의 긴 이야기를 마무리한다.

"그대의 눈을 안으로 돌려보라, 그러면 그대의 마음속에

여지껏 발견 못하던 천 개의 지역을 찾아내리라.
그곳을 답사하라, 그리고
자기 자신이라는 우주학의 전문가가 되라."

"진실로 바라건대, 당신 내부에 있는 신대륙과 신세계를 발견하는 콜럼버스가 되라. 그리하여 무역을 위해서가 아니라 사상을 위한 새로운 항로를 개척하라. 각자는 하나의 왕국의 주인이며, 그에 비하면 러시아 황제의 대제국은 보잘것없는 작은 나라, 얼음에 의해 남겨진 풀더미에 불과하다. 그러나 자기 자신에 대하여 아무런 존경심을 갖지 않는 사람이 애국심에는 불타서 소를 위해 대를 희생시키는 일이 있다. 그들은 자기의 무덤이 될 땅은 사랑하지만, 지금 당장 자신의 육신에 활력을 줄 정신에 대해서는 아무런 공감을 느끼지 못하고 있다. 이런 사람들에게 애국심은 그들의 머리를 파먹고 있는 구더기라고 할 수 있으리라."

"생각이 제대로 박힌 사람은 보다 신성한 법칙을 따르는 과정에, 소위 '사회의 가장 신성한 규범'에 '공공연히 저항하는' 위치에 놓인 자신의 모습을 발견하는 적이 한두 번이 아닐 것이다. (중략)

사회에 대해 무조건 저항적인 태도를 취하는 것이 한 인간의 의무는 아니다. 자신의 내부의 법칙을 따르는 과정에서 자신이 취하게 되는 태도를, 그것이 어떠한 것이건 간에 견지하는 것이 그의 의무이다. 그리고 그 자세는 올바른 정부 ― 만약 그러한 정부를 맞이할 수 있다면 — 에 대해서는 결코 반항적인 자세가 아닐 것이다.”

“나는 경험에 의하여 적어도 다음과 같은 것을 배웠다. 즉, 사람이 자기의 꿈의 방향으로 자신 있게 나아가며, 자기가 그리던 바의 생활을 하려고 노력한다면 보통 때는 생각지도 못한 성공을 맞게 되리라는 것을 말이다. 그때 그는 과거를 뒤로 하고 눈에 보이지 않는 경계선을 넘을 것이다. 새롭고 보편적이며 보다 자유스러운 법칙이 그의 주변과 그의 내부에 확립되기 시작할 것이다. 그렇지 않으면 묵은 법칙이 확대되고 더욱 자유로운 의미에서 그에게 유리하도록 해석되어서 그는 존재의 보다 높은 질서의 허가를 받아 살게 될 것이다. 그가 자신의 생활을 소박한 것으로 만들면 만들수록 우주의 법칙은 더욱더 명료해질 것이다. 이제 고독은 고독이 아니고 빈곤도 빈곤이 아니며 연약함도 연약함이 아닐 것이다. 만약 당신이 공중에 누각을 쌓았더라도 그것은 헛된 일이 아니다. 누각은 원래 공중에 있어야 하니까. 이제 그 밑에 토대만 쌓으면 된다.”

“왜 우리는 성공하려고 그처럼 필사적으로 서두르며, 그처럼 무모하게 일을 추진하는 것일까? 어떤 사람이 또래들과 보조를 맞추지 않는다면, 그것은 아마 그가 그들과는 다른 고수의 북소리를 듣고 있기 때문일 것이다. 그 사람으로 하여금 자신이 듣는 음악에 맞추어 걸어가도록 내버려두라. 그 북소리의 음률이 어떻든, 또 그 소리가 얼마나 먼 곳에서 들리든 말이다. 그가 꼭 사과나무나 떡갈나무와 같은 속도로 성숙해야 한다는 법칙은 없다. 그가 남과 보조를 맞추기 위해 자신의 봄을 여름으로 바꾸어야 한단 말인가? 우리의 천성에 맞는 여러 여건이 아직 갖추어지지 않았다면 대신 끌어다 댈 수 있는 현실은 무엇인가? 우리는 헛된 현실이라는 암초에 우리의 배를 난파시켜서는 안 되겠다. 우리가 애를 써서 머리 위에 청색 유리로 된 하늘을 만들어본들 무슨 소용이 있겠는가? 그것이 완성된다 하더라도 우리는 분명 그런 것은 없다는 듯이 그 훨씬 너머로 정기에 가득 찬 진짜 하늘을 바라볼 것인데.”

“정신이 온전할 때 우리는 사실만을, 즉 실지로 존재하는 사정만을 응시한다. 당신이 의무감으로 느끼는 것을 말하지 말고 진실로 내부에서 느끼는 것을 말하라. 어떤 진실도 거짓보다는 낫다. 땜장이 톰 하이드는 교수대에 섰을 때 무슨 할 말이 있느냐고 질문을 받았다. 그때 그는 다음과 같이 말했다고 한다. “재봉사들에게 최초의 한 바늘을 꿰매기 전에 실 끝을 매듭지게 하는 것을 잊지 말라고 전해 주시오.” 그 옆에서 기도를 드리고 있던 그의 동료의 기도의 말은 전해져 있지 않다.

당신의 인생이 아무리 비천하더라도 그것을 똑바로 맞이해서 살아나가라. 그것을 피한다든가 욕하지는 말라. 그것은 당신 자신만큼 나쁘지는 않다. 당신이 가장 부유할 때 당신의 삶은 가장 빈곤하게 보인다. 흠을 잡는 사람은 천국에서도 흠을 잡을 것이다. 당신의 인생이 빈곤하더라도 그것을 사랑하라. 당신이 비록 구빈원 신세를 지고 있더라도 그곳에서 유쾌하고 고무적이며 멋진 시간들을 가질 수 있다. 지는 해는 부자의 저택이나 마찬가지로 양로원의 창에도 밝게 비친다. 봄이 오면 양로원 문 앞의 눈도 역시 녹는다. 인생을 차분하게 바라보는 사람은 그런 곳에 살더라도 마치 궁전에 사는 것처럼 만족한 마음과 유쾌한 생각을 가질 수 있을 것이다.”

그의 주장을 요약하긴 싫다. 그래도 줄여 말하라고 한다면 “삶을 삶답게 살려면 자신의 내면과 외부 세계를 똑바로 직시하고, 그 속에서 느낀 자신의 고유한 삶의 방향과 리듬에 따라 자신의 꿈의 방향으로 자신 있게 나아가라”는 것이다. 부자들은 물질적 성공을 위한 삶 속에서, 빈자들은 생존 그 자체를 위한 삶 속에서 각자 자신의 내면세계와 자연의 아름다움을 잃어버리고 있다. 현대인들의 슬픈 자화상이다. 이 자화상을 뜯어고치기 위해 생존에 필요한 노동시간을 단축하고 삶다운 삶을 부활시키자는 그의 주장은 현대 자본주의 산업문명에 대해 우리가 내세워야 할 제1의 슬로건이다.

삶은 누구에게는 우연히 다가오는 기적이고 신비다. 그러나 누군가에게 삶은 익숙한 일상이다. 삶은 누구에게는 자신도 어찌할 수 없는 운명이다. 그러나 어떤 누군가에게 삶은 자신의 자유로운 기획이고 의도다. 삶은 어떤 사람에게는 기쁨과 환희, 그리고 희망이다. 그러나 또 다른 누군가에게는 슬픔과 고통, 그리고 절망이다. 삶은 누구에게는 누리고 싶은 경외와 영예다. 그러나 어떤 다른 사람에게는 벗어나고 싶은 멸시와 치욕이고, 누구에게는 흥미진진한 모험이다. 그러나 또 다른 누구에게는 따분하고 무료한 권태다. 삶은 누군가에게 진리와 선함과 아름다움이고, 누군가에게는 허위와 악함과 추함이다. 아니다. 대부분의 사람들은 자신의 생에서 이 모든 삶의 빛과 그림자를 경험한다. 삶의 풍성함에 비해 우리의 말은 너무나 짧다.

소로는 우리에게 이렇게 말한다. 삶 그 자체를 직시하고 이를 존중하라. 그 속에 몸을 담그고 온몸으로 느끼고 관찰하고 사색하라. 자기 삶에 대한 욕망을 헛된 개념, 말에 가두지 말아라. 말에 집착하면 자신의 삶을 그것에 가두고 결국에는 좌절하고, 또 다른 말로 자신의 삶을 옭아맨다. 니체의 초인도, 부처의 해탈도, 예수의 하나님도 문자와 개념일 뿐이다. 노장의 도와 마르크스의 이론도 마찬가지다. 그 자체가 내 삶의 방향이나 목적이 아니다. 그것들은 살아 있는 그 무엇을, 운동하고 변화하는 구체성과 역사성을 갖는 그 무엇을 곁눈으로 보는 데 필요한 수단일 뿐이다. 삶을 가능한 있는 그대로 보고 느끼고 부딪쳐보자.

나가며

〈월든〉은 현대 문명에 대한 다양한 비판적 조류들이 흘러나간 사상의 호수다. 소로 연구가인 월터 하딩은 〈월든〉이 '자연에 관한 박물학적 기록, 소박한 삶을 권면하는 삶의 지침서, 물질주의에 지배되는 현대적 삶에 대한 비판서, 탁월한 언어예술작품, 정신적 삶의 안내서 등 적어도 다섯 가지 시각으로 읽히고 있다고 했다. 사실 〈월든〉은 어느 시각으로 읽어도 우리의 삶과 현실을 새롭게 성찰하도록 하는 고전임에 틀림없다.

〈월든〉에 담긴 소로의 모든 주장에 완전히 동의하지는 않지만(이를테면 한 개인의 삶에 대한 책임이 모두 그 개인에게 있는 듯한 태도로 사람들의 무지와 오해를 질타하는 것, 물론 궁극적으로 자기 인생은 자기 책임이라는 것에 동의하지만…) 〈월든〉은 나를 부끄럽게 만드는 몇 안 되는 책 중의 하나다. 명예나 권력 또는 부에 얽매이지 않은 자유로운 삶, 자기가 살고 싶은 삶을 향한 열정과 불굴의 신념, 독립적이고 자유로운 생활방식, 자연친화적인 삶은 〈월든〉을 알기 전에 이미 내 삶의 주요한 지표였다. 그러나 나는 내가 살고 싶은 삶을 온전하게 살지 못하고 있다. 그는 버렸고, 나는 아직 버려야 할 것들을 너무 많이 가지고 있다. 쓸데없는 생활의 사치품은 물론이고 잡다한 생각과 취향들, 그 많은 관계와 인연들을 떨쳐버리지 못하고 살고 있다. '평화를 위해' 또는 '더불어 살기 위해', 때로는 '중심을 가지고 열어놓고 살기'라고 변명하면서 나는 나와 가장 가까운 가족들은 물론이고 세상과 타협하면서 산다. 그는 자신의 삶과 진실, 정의를 위해 당당하게 싸우면서 거침없이 산다. 그의 삶에 대한 이러한 태도가 나를 부끄럽게 만들고 흔들어놓는다. 그러나 나도 당장 세상에 이기지는 못할지 모르지만 지지 않을 자신, 내 삶을 포기하지 않을 끈기는 가지고 있다. 세상이 나를 이길지 내가 세상을 이길지는 끝까지 가봐야 알겠지만.

다음 제시문을 읽고 물음에 답하시오.

(가)

　　당신의 인생이 아무리 비천하더라도 그것을 똑바로 맞이해서 살아나가라. 그것을 피한다든가 욕하지는 말라. 그것은 당신 자신만큼 나쁘지는 않다. 당신이 가장 부유할 때 당신의 삶은 가장 빈곤하게 보인다. 흠을 잡는 사람은 천국에서도 흠을 잡을 것이다. 당신의 인생이 빈곤하더라도 그것을 사랑하라. 당신이 비록 구빈원 신세를 지고 있더라도 그곳에서 유쾌하고 고무적이며 멋진 시간들을 가질 수 있다. 지는 해는 부자의 저택이나 마찬가지로 양로원의 창에도 밝게 비친다. 봄이 오면 양로원 문 앞의 눈도 역시 녹는다. 인생을 차분하게 바라보는 사람은 그런 곳에 살더라도 마치 궁전에 사는 것처럼 만족한 마음과 유쾌한 생각을 가질 수 있을 것이다.

— 헨리 D. 소로 〈월든〉

(나)

　　불쌍한 가난뱅이여, 주제넘은 생각을 하다니.

그대의 초라한 오두막이, 함지 같은 집이

값싼 햇볕 속에서 또는 그늘진 샘터에서

풀뿌리와 채소로 게으르고 현학적인 덕을 기른다 하여

천상에 한 자리를 요구하다니.

거기서 그대의 바른손은

아름다운 덕들이 꽃피어 오를

인간의 정열을 마음에서 잡아 뜯어

본성을 타락시키고 감각을 마비시켜

고르곤*이 그랬듯이

뛰는 인간을 돌로 변케 한다.

우리는 그대의 어쩔 수 없는 절제나

기쁨도 슬픔도 모르는

부자연스러운 어리석음의

지루한 교제는 원치 않는다.

우리는 또한 능동적인 것 위로 그대가

거짓되게 치켜 올린 수동적인 꿋꿋함도

원치 않는다. 범용 속에 자리 잡은 이 비천한 무리들은

그대의 비열한 근성에 어울린다. 그러나 우리가 숭상하는 것은

것은

과잉을 용납하는 미덕들…

---

* **고르곤**: 그리스 신화에 나오는 세 괴물 자매. 보는 사람을 돌로 변하게 한다.

용감하고 관대한 행위, 왕자 같은 장엄,

전지전능의 분별력, 한계를 모르는 아량,

그리고 옛 사람들도 이름을 못 붙이고

단지 헤라클레스, 아킬레스, 테세우스 같은 유형만을 남

겨놓은

저 영웅적인 용기인 것이다.

역겨운 그대의 암자로 돌아가라.

그리하여 새롭게 빛나는 천체를 보거든

그 영웅들이 어떤 분들이었던가를 알아보아라.

— 토마스 커류 "가난한 자의 허세"

(다)

생계수단에 대한 끊임없는 걱정만큼 사람의 품위를 떨어뜨리는 것은 없다. 나는 돈을 멸시하는 사람들에 대해선 오직 경멸을 보낼 뿐이다. 그들은 위선자들이든가 아니면 바보들이다. 돈은 그것이 없으면 다른 오감을 사용할 수 없는 제6감과 같다. 적당한 수입이 없으면 인생의 가능성 중 절반이 차단당한다. 유일하게 조심해야 할 일은 당신이 버는 돈을 초과하여 단 한 푼의 돈도 더 쓰지 않는 것이다.

당신은 가난이 예술가에게는 가장 좋은 자극이라고 하는 소리를 들을 것이다. 하지만 이렇게 말하는 사람은 뼈아픈 가난의 고통을 결코 실감해 본 적이 없는 사람이다. 그들은 빈곤

이 당신을 얼마나 비열하게(또는 초라하게) 만드는지를 모른다. 빈곤은 당신을 끝없는 모욕에 노출시키고, 당신의 날개를 꺾고, 암처럼 당신의 영혼을 갉아먹는다. 우리가 요구하는 것은 부가 아니다. 우리가 원하는 것은 자신의 품위를 유지하고 방해받지 않으면서 일할 수 있으며, 관대하고 솔직하게 그리고 자립적으로 살기에 충분한 만큼의 부일 뿐이다. 글을 쓰든 그림을 그리든, 전적으로 생계를 자신의 예술에 의존해야 하는 예술가를 나는 진심으로 불쌍히 여긴다.

—서머셋 모옴 〈달과 6펜스〉

(라)

부유하지 못한 사람들은 스스로를 위로하기 위해 부(富)가 가져오는 불행에 대하여 터무니없는 이야기를 꾸며낸다. 마이다스는 자신의 딸을 황금으로 변하게 했고, 모든 것이 손대는 족족 황금으로 바뀌는 바람에 음식조차 먹지 못했다고 하면서 말이다. 그러나 부자가 불행하지 않다는 사실을 사람들은 본능적으로 알고 있고 그것은 최근의 사회과학적 조사에서도 확인되고 있다. 부유해질수록 그만큼 행복해진다는 것이다.

부는 많은 소비재를 구매할 능력을 부여하지만, 오히려 그보다 훨씬 더 중요한 사실은 사람들에게 하고자 하는 일을 할 수 있는 능력을 제공해 준다는 점이다. 부유한 사람은 다른 사람을 고용하거나 해고하고, 승진시키거나 좌천시킬 수 있으며, 사업을 시작하거나 그만둘 수도 있고, 사업체를 이곳에서 저곳으로 옮길 수도 있다. 부유한 사람은 주위의 물적·인적 환경을 통제할 수 있다. 반면에 부유하지 못한 사람은 주위의 환경에 순응해야 한다.

부유한 사람은 정치적 영향력 역시 아무도 모르게 돈으로 살 수 있다. 선거 기부금을 통해 한 표 이상의 영향력을 행사할 수 있다. 직접적으로 정치권력을 손에 넣을 수도 있다. 미국 상원의원의 반수 이상이 인구의 상위 1% 이내의 부유층이며, 저명한 상원의원과 주지사들 다수가 엄청난 부의 소유자들이다. 선거 자금의 필요성으로 말미암아 부를 소유하지 못한 정치가가 부패할 수밖에 없는 시대에는 부자가 유일하게 정직한 사람들이다. 그들은 자신의 선거 자금을 마련하기 위해 영혼을 팔 필요가 없기 때문이다.

개인의 사회적 서열을 매기는 중요한 척도 중 하나였던 부는 시간이 흐르면서 개인의 가치를 재는 거의 유일한 척도가 되었다. 부는 자신의 패기를 입증하고 싶어하는 사람이 달려들 만한 유일한 게임이다. 부는 치열한 경합장이다. 그곳에서 시합을 하지 못하는 사람은 2류로 규정된다.

— 레스터 C. 서로 〈부의 구축(構築)〉

(마)

　왜 우리는 성공하려고 그처럼 필사적으로 서두르며, 그처럼 무모하게 일을 추진하는 것일까? 어떤 사람이 또래들과 보조를 맞추지 않는다면, 그것은 아마 그가 그들과는 다른 고수의 북소리를 듣고 있기 때문일 것이다. 그 사람으로 하여금 자신이 듣는 음악에 맞추어 걸어가도록 내버려두라. 그 북소리의 음률이 어떻든, 또 그 소리가 얼마나 먼 곳에서 들리든 말이다. 그가 꼭 사과나무나 떡갈나무와 같은 속도로 성숙해야 한다는 법칙은 없다. 그가 남과 보조를 맞추기 위해 자신의 봄을 여름으로 바꾸어야 한단 말인가? 우리의 천성에 맞는 여러 여건이 아직 갖추어지지 않았다면 대신 끌어다 댈 수 있는 현실은 무엇인가? 우리는 헛된 현실이라는 암초에 우리의 배를 난파시켜서는 안 되겠다. 우리가 애를 써서 머리 위에 청색 유리로 된 하늘을 만들어본들 무슨 소용이 있겠는가? 그것이 완성된다 하더라도 우리는 분명 그런 것은 없다는 듯이 그 훨씬 너머로 정기에 가득 찬 진짜 하늘을 바라볼 것인데.

— 헨리 D. 소로 〈월든〉

〈문제 1〉 제시문 (나) 시의 주장을 간략하게 정리하고, 이 입장에서 제시문 (가)의 견해를 비판해 보시오. 그리고 반대로 제시문 (가)의 입장에서 제시문 (나)의 견해를 반박해 보시오.

〈문제 2〉 제시문 (가)와 (다)의 공통점과 차이점을 간략하게 기술하시오.

〈문제 3〉 각 제시문에 드러난 삶의 태도를 참고하여 현대 사회에서 '인간의 삶과 물질적 조건'의 관계에 대한 자신의 견해를 논술하시오.(1,200±100자 내외) 단, 제시문 (가)·(라)에 드러난 부 또는 가난에 대한 관점을 서로 비교한 후 자신의 견해를 논술하시오.

〔07대입〕 성균관대 논술고사

〈문제 1〉 다음 〈제시문〉들은 인간의 삶을 바라보는 서로 다른 두 관점을 나타내고 있다. 그 두 관점의 내용을 각각 요약하시오.

〈제시문 1〉

무릇 성인은 어떤 행동을 할 때 도달하려는 목표와 그 목표에 도달하기 위해 채택하는 수단을 명확히 알고 있다. 여기 어떤 사람이 있는데, 그가 수후의 구슬로 천 길 높이 날아가는 새를 쏘아 맞추려 한다면, 세상 사람들은 그를 비웃을 것이다. 왜 그러한가? 그가 소모하는 것은 너무 귀중한데 추구하는 목표는 너무 보잘것없기 때문이다. 생명의 경우, 그 가치가 어찌 수후의 구슬이 가진 귀중함에 그치겠는가?

자화자(子華子)가 말했다. 생명을 보전하는 것이 가장 좋은 것이고, 생명을 이지러뜨리는 것이 다음이며, 죽음은 그 다음이고, 생명을 억누르는 것이 가장 나쁜 것이다. 이른바 생명을 존중한다는 것은 바로 생명을 보전하는 것을 말한다. 생명을 보전하는 것은 여섯 가지 욕망이 모두 적절히 충족되는 것을 말한다. 생명을 이지러뜨리는 것은 여섯 가지 욕망이 일부만 적절히 충족되는 것을 말한다. 생명이 이지러질수록 생명에 대한 존중도 미약해질 것이다. 죽음이란 여섯 가지 욕망 자체를 알 도리가 없는 것을 말하며, 이런 욕망이 생겨나기 이전 상태로 돌아가는 것이다. 생명을 억누르는 것은 여섯 가지 욕망이 모두 적절히 충족되지 못한 것을 말하니, 이 욕망들이 모두 싫어하는 것만을 얻은 것이다. 굴복과 치욕이 바로 이런 상태에 속한다. 어떠한 치욕도 의롭지 못한 것보다 더 크지 않으므로, 의롭지 못한 것이 바로 생명을 억누르는 것이다. 그러나 생명을 억누르는 것은 단지 의롭지 못한 것만이 아니라 죽음만도 못한 것이다.

이러한 이치를 어떻게 알 수 있는가? 귀로 싫어하는 것을 듣는 것은 아무것도 듣지 않은 것만 못하고, 눈으로 싫어하는 것을 보는 것은 아무것도 보지 않은 것만 못하다. 그래서 사람들은 천둥이 울리면 귀를 막고, 번개가 치면 눈을 감는 것이다. 생명을 억누르는 것이 죽음만도 못한 것은 바로 이런 현상과 같다. 여섯 가지 욕망은 각기 모두 싫어하는 바가 무엇인지 알고 있는데, 그것을 피할 수 없게 되면 욕망을 알 도리가 없는 상태인 죽음보다 못한 것이다.

고기 먹는 것을 좋아한다고 해서 썩어 냄새나는 쥐를 먹지는 않으며, 술을 좋아한다고 해서 상한 술도 마시는 것은 아니다. 마찬가지로 생명을 존중한다고 해서 억눌린 생명도 존중한다는 것은 아니다.

〈제시문 2〉

심장 질환, 암, 에이즈, 뇌일혈 등을 치료하기 위해 수백만 명의 사람들이 이미 유전자 조작 기술로 만든 의약품을 사용하고 있다. 1995년 과학자들은 284종 이상의 새로운 유전자 조작 의약품을 시험했다. 이는 전년도에 비해 20% 증가한 것이다. 종래의 많은 약품들이 새로운 유전자 조작 의약품으로 대체되었다. 유전자를 조작하여 생산한 인간 인슐린이 나온 이후, 당뇨병을 앓고 있는 340만 명 이상의 미국인들이 소나 돼지로부터 추출한 자연 인슐린을 사용하지 않아도 되었다.

암젠 사가 개발한 에리스로포이에틴(Erythropoietin, 적혈구 생성촉진 호르몬)은 매년 거의 20만 명의 신장투석 환자가 사용한다. 유전자 조작 기술로 생산한 이 호르몬 물질은 적혈구 생성을 촉진하므로 위험한 수혈의 필요성을 감소시킨다. 제넨테크 Genentech사의 tPA*는 응혈 분해를 촉진하는 작용을 한다. 아노벡스 Anovex와 베타세론 Betaseron이라는 약은 베타-인터페론**이라는 물질인데, 낭포성 섬유증 CF(囊胞性

---

* **tPA**(tissue plasminogen activator) : 비활성 혈액 단백질인 플라스미노겐을 활성화하여 응혈 분해 효소인 플라스민으로 변하게 하는 활성화제.

** **베타-인터페론**(beta-interferon) : 바이러스가 침투했을 때 그 증식을 억제하는 작용을 하는 세포 단백질.

纖維症, crytic fibrosis) 환자의 폐울혈을 치료하는 데 사용한다.

과학자들은 이 같은 새로운 유전자 조작 의약품들은 단지, 우리 앞에 놓여 있는 무한한 가능성의 시작에 불과할 뿐이라고 말한다. 수많은 유전공학연구소의 과학자들은 인간 생명의 한계를 극복할 새로운 방법을 연구하고 있다.

〈제시문 3〉

처음에는 나와 같은 인간에게 시도해야 할지 아니면 좀더 단순한 생물로 실험해야 할지 알 수 없었다. 그러나 첫 번째 성공으로 한껏 부풀어 오른 상상력 때문에 인간처럼 복잡하고 훌륭한 동물에게도 생명을 부여할 수 있음을 의심한다는 것이 용납되지 않았다. 수중에 있는 재료들은 그처럼 어려운 일에는 적당하지 않았지만 결국에는 성공하리란 것을 굳게 믿었다.

나는 여러 가지 실패의 경우에 대비해 마음의 준비를 했다. 작업은 끊임없이 장애에 부딪칠 것이고 불완전하게 끝날 수도 있었다. 그러나 과학과 기계학이 날로 발전한다는 사실을 떠올리면 힘이 났고 현재의 내 시도는 최소한 미래의 성공을 위한 토대가 되리라는 희망이 솟았다. 또한 내 계획이 규모가 크고 복잡하다고 해서 실행이 불가능하다고 결론지을 수도 없었다. 한 인간의 창조를 시작한다는 벅찬 감정이 있었기 때문이었다. 미세한 신체 부분들이 작업 속도를 늦추는 큰 걸림돌이 되었기 때문에 나는 애초의 의도와는 달리 거대한 존재를 만들기로 했다. 즉 키를 2미터 50센티 정도로 잡고, 나머지는 거기에 비례를 맞추는 식으로 했다. 이런 결심을 하고 순조롭게 재료를 구하고 정리하면서 몇 달을 보낸 후, 드디어 작업에 들어갔다.

처음 거둔 성공의 흥분 속에서 마치 허리케인처럼 나를 앞으로 떠밀었던 그 다양한 감정은 누구도 이해하지 못할 것이다. 삶과 죽음은 이상적인 영역이었지만, 나는 맨 먼저 그곳을 뚫고 들어가 우리의 암흑세계에 환한 빛을 쏟아 부어야 했다. 새로운 종(種)들이 나를 창조주로, 그들의 기원으로 축복할 것이고, 행복하고 우수한 수많은 생명들이 나로 인해 존재하게 될 것이다. 그 어떤 아버지도 나만큼 자식으로부터 완벽하게 감사 받을 자격은 없을 것이다. 이런 상상을 계속하다 보니, 생명이 없는 것에 생명을 불어넣을 수 있다면 나중에 가서는(비록 지금은 알 수 없지만) 죽어서 부패하게 된 시체도 부활시킬 수 있을 것 같았다.

〈제시문 4〉

내가 숲 속으로 들어간 것은 인생을 의도적으로 살아보기 위해서였다. 다시 말해서 인생의 본질적인 사실들만을 직면해 보려는 것이었으며, 인생이 가르치는 바를 내가 배울 수 있는지 알아보고자 했던 것이다. 그리하여 마침내 죽음을 맞이했을 때 내가 헛된 삶을 살았구나, 하고 깨닫는 일이 없도록 하기 위해서였다. 삶은 너무나 소중한 것이기에 나는 삶이 아닌 것은 살지 않으려고 했다. 따라서 정말 불가피한 경우가 아니면 체념의 철학을 따르길 원치 않았다.

아직도 우리들은 개미처럼 비천하게 살고 있다. 우화를 보면 우리는 이미 오래전에 개미에서 인간으로 변했다고 하는데, 난쟁이 부족처럼 학들과 싸우고 있다. 그것은 착오 위에 겹쳐진 착오이며, 누더기 위에 겹쳐진 누더기다. 우리가 가진 최고의 덕은 피할 수 있고 피상적인 비참함이 있기 때문에 제 모습을 드러낸다. 우리의 인생은 사소한 일들로 흐지부지 헛되이 쓰이고 있다. 정직한 사람은 셈을 할 때 열 손가락 이상을 쓸 필요가 거의 없으며, 극단적인 경우에는 발가락 열 개를 더 쓰면 될 것이고 그 이상은 하나로 묶어 처리하면 될 것이다.

간소하게, 간소하게, 간소하게 살라. 제발 바라건대, 여러분의 일을 두 가지나 세 가지로 줄일 것이며, 백 가지나 천 가지가 되도록 두지 말라. 백만 대신에 다섯이나 여섯까지만 셀 깃이며, 계산은 손가락으로 할 수 있도록 하라. 문명생활이라고 하는 이 험난한 바다 한가운데서는 구름과 태풍과 유사(流砂)와 그리고 천 가지도 넘는 상황을 파악해야 한다. 배가 침몰하여 바다 밑에 가라앉아 가고자 하는 항구에 입항하지 못하는 사태가 벌어지지 않도록 하기 위해서는 추측항법*으로

---

* **추측항법**: 천체의 관측에 의하지 않고, 항해 일지의 기재 사항을 중요 자료로 삼아 배의 위치를 추산하는 방법.

인생을 살아갈 수밖에 없기 때문에 성공한 사람은 뛰어난 계산가임이 분명하다.

간소화하고 간소화하라. 하루에 세 끼를 먹는 대신 필요하다면 한 끼만 먹어라. 백 가지 요리를 다섯 가지로 줄여라. 그리고 다른 일들도 그런 비율로 줄이도록 하라. 지금 우리의 인생은 독일 연방과도 같다. 독일 연방은 수많은 군소 국가들로 되어 있고, 그 국경선은 항상 변하고 있어, 독일 사람 자신도 지금 국경선이 어떻게 되어 있는지를 알지 못한다.

〈문제 2〉 **위 〈제시문〉들을 활용하여 다음 물음에 답하시오.**

    (1) 〈제시문〉들 중 하나를 선택하여 〈사례 1〉에 나타난 죽음에 대한 태도를 정당화하시오.

    (2) 〈사례 1〉과 〈사례 2〉 중 어느 쪽이 인간의 존엄성을 진정으로 실현하는 것인지에 대하여 자신의 견해를 논술하시오.

〈사례 1〉

100세 되던 해에 스스로 음식을 끊고, 세상을 마감한 스코트 니어링은 죽기 전에 다음과 같은 유언을 남겼다.

● 나에게 죽을 병이 오면, 나는 죽음의 과정이 다음과 같이 자연스럽게 이루어지기를 바란다. 나는 단식을 하다 죽고 싶다. 그러므로 죽음이 가까이 다가오면 나는 음식을 끊고, 할 수만 있으면 마시는 것도 끊기를 바란다.

- 나는 죽음의 과정을 예민하게 느끼고 싶다. 그러므로 어떤 진정제, 진통제, 마취제도 필요 없다.
- 나는 되도록 빠르고 조용하게 가고 싶다. 따라서 주사, 심장 충격, 강제 급식, 산소 주입 또는 수혈을 바라지 않는다.
- 나는 힘이 닿는 한 열심히 살았으며, 기쁘고 희망에 차서 간다. 죽음은 옮겨감이거나 깨어남이다. 모든 삶의 다른 국면처럼 어느 경우이든 환영해야 한다.

〈사례 2〉

- 가톨릭 의사는 어떠한 상황일지라도 인간 생명을 존경해야 하며 비록 환자가 죽기를 원한다 해도 이를 돕는 일은 비도덕적인 것으로 간주해야 한다.

　　　　　　　　　　—'국제 가톨릭 의사 윤리 규약' 중에서

- 모든 환자는 그들의 육체적 혹은 정신적 장애의 정도가 어떠하든 간에 인간으로서 지니는 위엄에 맞는 치료를 받을 권리가 있다.
- 인간은 신체의 모든 기능이 잘 유지되도록 보호할 권리와 의무를 지닌다.
- 환자의 생명을 끊으려는 목적으로 시행되는 모든 의료행위는 비도덕적이다.

　　　　　　　　—'가톨릭 의료기관의 윤리 및 신앙 지침' 중에서

다락원 명작노트 040

월든

펴낸이 정효섭
펴낸곳 (주)다락원

초판 1쇄 인쇄 2007년 4월 20일
초판 1쇄 발행 2007년 4월 27일

책임편집 안창열, 김지영
디자인 손혜정, 박은진
번역 봉현선
삽화 손창복

다락원 경기도 파주시 교하읍 문발리 509-1
Tel:(02)736-2031 Fax:(02)732-2037
(내용문의: 내선 520/구입문의: 내선 113~114)
출판등록 1977년 9월 16일 제300-1977-23호

Copyright ⓒ 2007, 다락원

출판사의 허락 없이 이 책의 일부 또는 전부를
무단 복제·전재·발췌할 수 없습니다.
잘못된 책은 바꿔 드립니다.

값 8,500원

ISBN 978-89-5995-155-0 43740

패턴 따라 쉽게 쓰는 틴틴 영어일기 1, 2

❶ 일상생활 패턴정복
❷ 학교생활 패턴정복

중학교에 다니는 여학생과 남학생이 각각 일상생활과 학교생활을 중심으로 1년간의 일을 쉽고 재미있게 쓴 영어일기. 중학생이라면 누구나 한번쯤 겪어봤을 만한 일들을 바탕으로 한 다양한 일기 소재와 어휘가 제공되어 있기 때문에, 영어일기를 통해 영작을 연습하려는 학습자에게 큰 도움이 될 수 있는 교재이다. 중·고생뿐만 아니라, 중학 영어를 미리 예습하려는 예비 중학생들에게도 아주 효과적인 영어 학습서로 강추!

☐ 정미선 지음 / 4·6배 변형 / 192면
☐ 정가 10,000원 (오디오 CD 1개 포함)

Teen Teen Diary (전3권)

❶ 매일 10단어로 뚝딱 중학생 영어일기

중1 수준의 어휘와 문장으로, 영어일기와 일상회화에 대한 감각을 익힌다.

☐ 정미선 지음 / 신국판 / 144면
☐ 정가 7,500원 (테이프 1개 포함)

❷ 매일 5문장으로 술술 중학생 영어일기

중2 수준의 어휘와 문장으로, 영어일기에 친숙해지고 자신감을 쌓는다.

☐ 정미선 지음 / 신국판 / 152면
☐ 정가 7,500원 (테이프 1개 포함)

❸ 매일 내맘대로 쓱싹 중학생 영어일기

중3 수준의 어휘와 문장으로, 중학영어를 마스터하고 미국의 일상회화에 익숙해진다.

☐ 정미선 지음 / 신국판 / 144면
☐ 정가 7,500원 (테이프 1개 포함)

지니의 미국생활 영어일기 Hello! America (전2권)

❶ 가을학기 ❷ 봄학기

어느 한국 여학생의 미국생활 이야기를 일기 형식으로 담은 책. 1권은 '가을학기', 2권은 '봄학기'편으로, 총 1년간의 미국 학교생활 및 일상생활에 관한 흥미로운 이야기들이 담겨 있다. 미국 학생들의 실생활을 바탕으로 한 탄탄한 스토리로 살아 있는 현지 영어와 미국문화를 체험할 수 있을 뿐만 아니라, 영어 독해 및 영작 연습을 할 수 있는 아주 유용한 교재이다.

☐ 이지현 지음 / 국배판 변형 / 152면
☐ 정가 8,500원

〈행복한 명작 읽기〉는 기초가 약한 영어 초급자나 초, 중, 고 학생들이 보다 즐겁고 효과적으로 명작들을 읽으며 독해력을 키울 수 있도록 개발된 독해력 증강 프로그램입니다.

책의 특징

1 골라 읽는 재미가 있다. 초보자를 위한 350단어 수준에서 중고급자를 위한 1,000단어 수준까지 5단계 구성.

2 단계별로 효과적인 영어 읽기 요령과 영문 고유의 참맛을 느낄 수 있는 장치가 곳곳에.

3 읽기만 해도 영어의 키가 쑥쑥 – 해석을 돕는 돼지꼬리(⌒), 영어표현 및 문법 설명, 퀴즈가 왕창.

4 체계적인 듣기 학습까지. 전문 미국 성우들의 생동감 넘치는 원음을 담은 오디오 CD 제공.

✳ 왕초보 기초다지기 ✳

쉬운 영문을 통해 영어 독해에 대한 막연한 두려움을 없앤다.

Grade 1 — Beginner — 350 words

1 미녀와 야수
2 인어공주
3 크리스마스 이야기
4 성냥팔이 소녀 외
5 성경 이야기 1
6 신데렐라
7 정글북
8 하이디
9 아라비안 나이트
10 톰 아저씨의 오두막

Grade 2 — Elementary — 450 words

11 이솝 이야기
12 큰 바위 얼굴
13 빨간머리 앤
14 플랜더스의 개
15 키다리 아저씨
16 성경 이야기 2
17 피터팬
18 행복한 왕자 외
19 몽테크리스토 백작
20 별 | 마지막 수업

국판 | **Grade 1, 2, 3** 각권 6,000원
(오디오 CD 1개 포함)

Grade 4, 5 각권 7,000원
(오디오 CD 1개포함)

*어린왕자 8,000원
(오디오 CD 2개 포함)

**고도를 기다리며 9,000원
(오디오 CD 2개 포함)

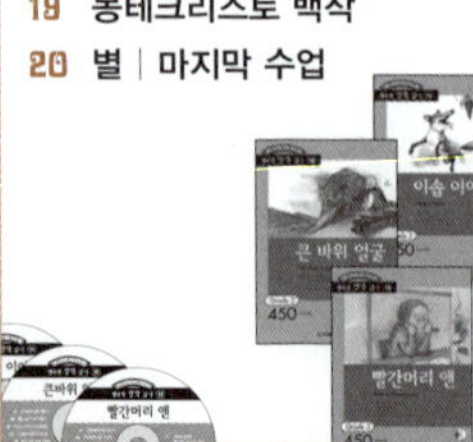

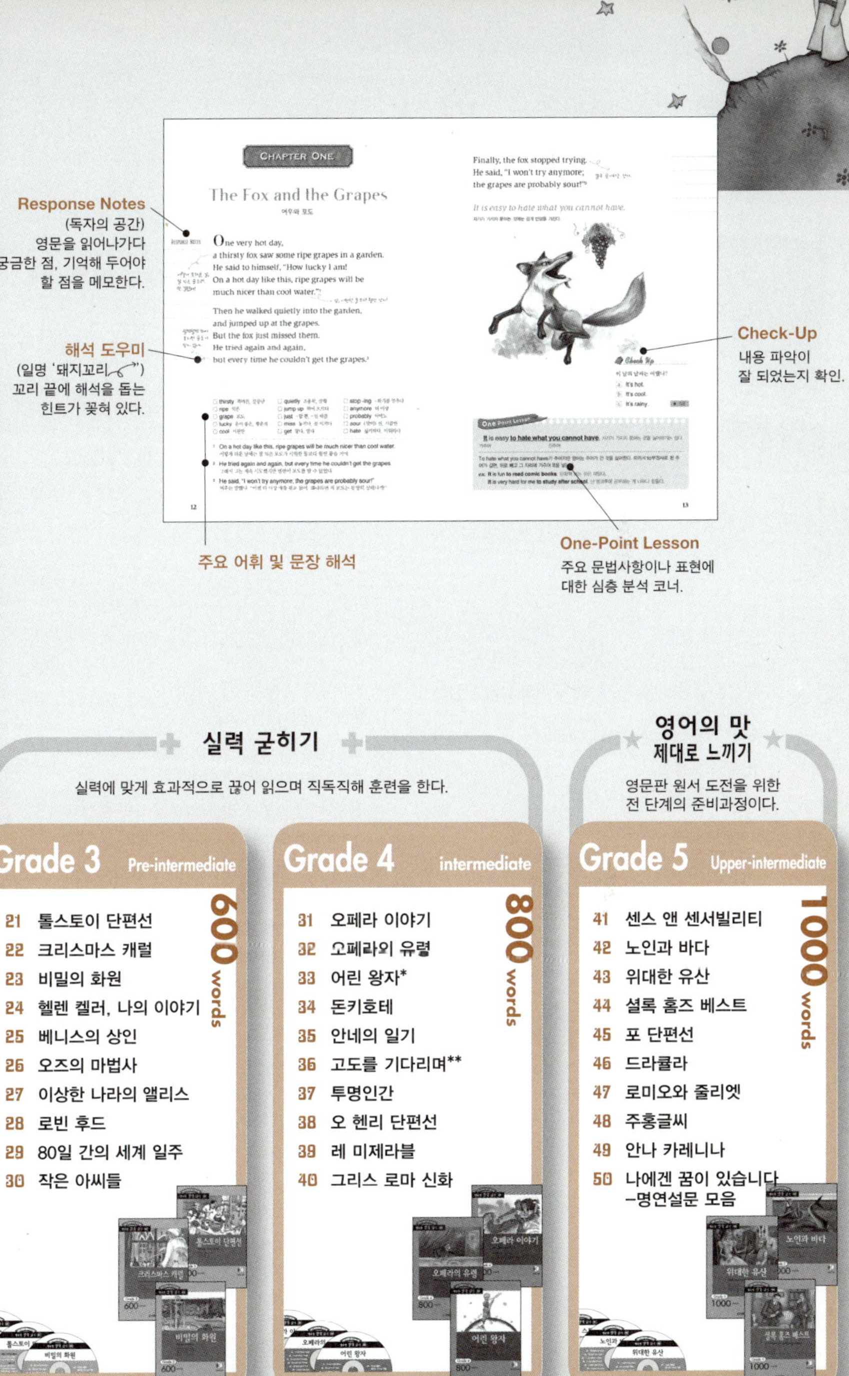

Response Notes
(독자의 공간)
영문을 읽어나가다
궁금한 점, 기억해 두어야
할 점을 메모한다.

해석 도우미
(일명 '돼지꼬리')
꼬리 끝에 해석을 돕는
힌트가 꽂혀 있다.

주요 어휘 및 문장 해석

Check-Up
내용 파악이
잘 되었는지 확인.

One-Point Lesson
주요 문법사항이나 표현에
대한 심층 분석 코너.

실력 굳히기

실력에 맞게 효과적으로 끊어 읽으며 직독직해 훈련을 한다.

영어의 맛 제대로 느끼기

영문판 원서 도전을 위한
전 단계의 준비과정이다.

Grade 3   Pre-intermediate   600 words

Grade 4   intermediate   800 words

Grade 5   Upper-intermediate   1000 words

콕콕 찍어 들려주는 명작 리스닝 시리즈 [전20권]

세계 명작소설을 쉽게 고쳐 쓴 중·고생용 학습 교재. 독해와 함께 청취력 향상을 위해 전 내용을 녹음하고, 매 페이지에 리스닝 포인트를 두어 한국인이 듣기 어려운 부분은 또박또박한 발음으로 반복해 들려준다. 권말에는 영어듣기 테스트를 수록해, 입시에서 점점 비중이 높아지는 듣기시험에 대비하도록 했다.

□ 각 권 4·6판/140면 내외
□ 정가: 각 권 5,800원 (테이프 2개 포함)

① 이상한 나라의 앨리스 / 백설공주와 일곱 난쟁이
Alice's Adventures in Wonderland /
Snow White and the Seven Dwarfs

② 이솝 우화
Aesop Fables

③ 그림 동화집 / 잭과 콩나무
Grimms Fairy Tales / Jack and the Beanstalk

④ 재미있는 이야기 / 미녀와 야수
Famous Stories / Beauty and the Beast

⑤ 알라딘과 요술램프 / 이른 아침의 살인
Aladdin and the Magic Lamp / Dead in the Morning

⑥ 오즈의 마법사 / 흑마 이야기
The Wonderful Wizard of Oz / Black Beauty

⑦ 걸리버 여행기 / 쉽게 번 돈
Gulliver's Travels / Fast Money

⑧ 거울 속의 앨리스 / 정원
Through the Looking Glass / The Garden

⑨ 피터 팬
Peter Pan

⑩ 큰 바위 얼굴 / 크리스마스 선물 /
알리바바와 40인의 도적들
The Great Stone Face / The Christmas Present /
Ali Baba and the Forty Thieves

⑪ 돈키호테 / 헨리 포드 이야기
Don Quixote / Tin Lizzie

⑫ 로빈 후드 / 어느 병사의 죽음
Robin Hood / Death of a Soldier

⑬ 신문 배달 소년 / 긴 터널 / 몰리의 순례자
Newspaper Boy / The Long Tunnel / Molly Pilgrim

⑭ 언덕 위의 집 / 헤라클레스
The House on the Hill / Hercules

⑮ 우주 도시로의 여행 / 요술 정원
Journey to Universe City / The Magic Garden

⑯ 마르코 폴로 / 크리스토퍼 콜럼버스 /
올리버 트위스트
Marco Polo / Christopher Columbus / Oliver Twist

⑰ 삼총사 / 레슬러
The Three Musketeers / The Wrestler

⑱ 불의 전차
Chariots of Fire

⑲ 런던 경시청 이야기 / 아서 왕
The Story of Scotland Yard / King Arthur

⑳ 도난당한 편지 / 붉은 머리 사교회 /
트래버스 씨의 첫사냥
The Stolen Letter / The Society of Red-Headed
Men / Mr. Travers First hunt

Notes

Notes 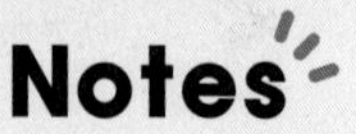